甲子園　激闘の記憶

楊順行
佐々木亨

ベースボール・マガジン社新書
054

はじめに

ウウゥーーーーーーーーー。

試合開始のサイレンが鳴る。サイレンが止まってからの残響音が長いのは、甲子園の特徴だ。東日本大震災の被災地から、東北（宮城）が出場した2011年の春のセンバツ大会。1回戦で、対戦相手・大垣日大（岐阜）のトップバッター畑和来が、まだサイレンが消えないうちの初球をホームランしたのは記憶に新しい。

一説によると、ギリシア神話がサイレンの語源。その神は、上半身は女、下半身は鳥の姿をした海の魔物だ。美しい歌声で船人を誘惑し、難破させたというからおそろしい。名をセイレーン（Siren）といい、これがサイレンとなった。

サイレンというのはもともと、人々に注意を促すために大きな音を発する装置である。代表的なのは、穴の空いた円板を回転させ、空気圧で音を発する仕組み。ハンドルを持ち、手動で回転させるものがそれだ。甲子園のサイレンも、てっきりそうだと思っていた。音に、どこか温かいアナログ感があるからだ。残響音の長さもそう。だが、ハンドルを回すのではなくボタン式で、押している間、鳴り続ける電動なのだそうだ。

試合開始と終了時にサイレンが鳴らされるようになった起源は定かじゃない。試合開始の招集合図とかいわれるが、それだと終了時に鳴らす必要はないだろう。ただ、守備側がポジションに散り、打者が打席の足もとをならし、球審が高々と右手を挙げ、「いざ、プレーボール!」という映像に身を乗り出したとき、サイレンがなかったらずいぶんと殺風景な気がする。余韻がアルプススタンドにこだまし、浜風に乗ってモクモクとした入道雲に吸い込まれ、デクレッシェンドしていく甲子園のサイレンは、なかなかいい。春よりも、どちらかというと夏の季語である。

セイレーンが魔力を持つように、甲子園にも、時として魔物が棲《す》む。この比喩《ひゆ》が初めて使われたのは、1975年の夏、第57回全国高校野球選手権大会らしい。地方大会で甲子園を経験している洲本(兵庫)が、初回にミスを連発して敗れたのを報じる新聞のコラム。それまで、〝魔の7回〟などという表現はあったが、このときズバリ〝魔物〟という言葉が使われている。過去、夏で90回以上、春で80回以上の歴史を持つ〝甲子園〟には、さまざまな魔物がいた。ゲームセットのはずのファウルフライを追った野手が転倒して捕れず、命拾いした打者が同点ホームラン。信じられない逆転劇が2日続いて起これば、風のいたずらも、気まぐれな土のバウンドも、サヨナラボークもサヨナラ暴投もある。

私は、85年の夏から全国大会を取材してきた。つけたスコアシートは、1500枚を越えた。そういう中から私たちがリアルタイムで見、あるいは過去の足跡をたどった激闘の記憶10編を、ここにまとめてみた。いずれも、過去にベースボール・マガジン社の高校野球ムックなどに発表したものを加筆し、再構成したもの。思い入れたっぷりの私選だから、「あの試合が入っていない」「このチームも登場させるべき」というお叱りはあるだろうが、そこはまあ、お許しください。

さあ、整列。そして、プレーボール！　試合が終われば、セイレーンがきっと、美しい歌声で校歌を歌ってくれる。

２０１１年7月　楊　順行

甲子園　激闘の記憶　目次

【注1】執筆は其の一～八、および其の十を楊順行、其の九を佐々木亨が担当しました。なお、本文中に登場する人物への敬称は原則として略させていただきます。
【注2】本書に登場する学校名およびプロ球団名は原則として当時の名前・表記に準じ、勝ち上がり表を掲載した夏の甲子園に不出場のチームについては文脈に応じて現称を注記しています。なお、注記のないプロ球団の現称は次の通りです。近鉄、阪急＝オリックス・バファローズ。東映、東急、日本ハム＝北海道日本ハムファイターズ。南海、福岡ダイエー＝福岡ソフトバンクホークス。ロッテ＝千葉ロッテマリーンズ。大洋＝横浜ベイスターズ。西武＝埼玉西武ライオンズ。ヤクルト＝東京ヤクルトスワローズ。

【主な参考・引用文献】
シリーズ「にっぽんの高校野球［地域限定エディション］」①～⑮
B・B・MOOKスポーツスピリット「高校野球シリーズ」各巻
B・B・MOOK「週刊ベースボール　夏の甲子園総決算号クロニクル」
新書「甲子園最高勝率」中村順司著
（以上、いずれもベースボール・マガジン社発行）
全国高等学校野球選手権大会70年史（朝日新聞社・日本高等学校野球連盟発行）

其の一

1971年 磐城（福島）

1失点に泣いた小さな大投手

磐城・田村隆寿

小兵軍団の快進撃

ボールになれ、いや、いっそ当たってもいい……白球が手を離れたとき、田村はそう思った。ウイニングショットのシンカーが、うまく指に引っかからなかったのだ。

1971年8月16日、第53回全国高校野球選手権の決勝。福島の磐城《いわき》と、初出場の神奈川・桐蔭学園との対戦だ。磐城の前評判は決して高くない。平均身長は169センチ、野球部どころか高校生としても貧弱なほうだし、むろん大学、プロが目をつけるような素材など1人もいない。選手たちもみな、自らの力量のなさをイヤというほど知っていた。いつ負けてもいいように、試合のたびに宿舎で荷造りを済ませてから試合に出かけていたほどだ。

ただ全員が自分たちの力と、その力でできることはなにかを、期待まじりの誤差なく把握していた。非力な選手はバットを二握りも余して持ち、とにかくゴロを転がす。華麗なグラブさばきができなかったら、泥臭くても体に当てて前に落とす。ひとつひとつのプレーはささやかでも、その総和で結果的に少しずつ相手を上回る。165センチとひときわ小さいエース・田村隆寿も快調な投球を続け、決勝まで勝ち進んできた。東北勢としては2年前の青森・三沢以来史上3度目、福島県勢としては初めてのことだ。

試合は桐蔭の下手投げ・大塚喜代美と、磐城・田村両エースの投げ合いで淡々と進んだ。お互いに0を連ね、甲子園に突然夕立が降ってきた7回裏。桐蔭は一死から、四番・土屋恵三郎の三塁打でチャンスをつかむ。続く三谷又衛はサードゴロに倒れて二死。打席には峰尾晃が入った。この大会、ここまで16打数1安打と、峰尾は当たっていない。抑えてくれ、いや、田村なら抑えてくれる。なにしろ甲子園に来てここまで33イニング、ただの1点も取られてないじゃないか……。4万8000人の大観衆、いや、全国の高校野球好きのほとんどは、磐城に肩入れしていたはずだ。

進学率でも福島県で上位にランクされている磐城の小兵軍団。だが、力量や体格では明らかに上回る相手にも、豪胆なプレーを果敢にこなす。さらに田村、セカンドの舟木正己、サードの阿部稔らは常磐炭鉱の炭鉱員の子弟で、その常磐炭鉱が、この年の4月に閉山になるというドラマ性もあった。そういう、高校野球を絵に描いたようなチームが日大一（東京）、静岡学園（静岡）、郡山（奈良）と名だたる強豪を次々に破り、決勝までコマを進めている。

決勝の相手・桐蔭学園は、初出場とはいえ、前年東海大相模で全国制覇した、レベルの高い神奈川県のチームだ。創部5年目の新興勢力だが、木本芳雄監督によって着実に力をつけ、前年の夏には早くも県ベスト4まで進出している。この年は、準決勝で藤沢商に逆転勝ちすると一気に初出場を決めた。大塚の好投と、県大会6試合で68安打45点という分厚い攻撃力はしかし、甲子園では無名。「桐蔭？　どこの学校だ」といわれながら1回戦、大塚が優勝候補の東邦（愛知）を完封する。大塚は、浮き上がるカーブと無類の制球力で海星（長崎）、玉龍（鹿児島）と連続完封し、初めて先制された岡山東商（岡山）戦は、8回にひっくり返した。前年の東海大相模に続き、やはり決勝進出を果たす。

野球王国の神奈川でもまれたチームらしく、桐蔭は抜け目がなかった。死球に対してオーバーに痛がって相手の動揺を誘ったり、学校長が「東大合格より先に、野球で有名になった」と発言して物議を醸《かも》してもいる。これらが初出場に似合わぬふてぶてしさに映り、判官びいきの甲子園は、桐蔭ベンチの後方まで磐城ファンで埋まっていた。

☆1971年度 第53回 全国高校野球選手権大会☆

[熱戦の軌跡]

※都道府県名のあとの丸数字は出場回数

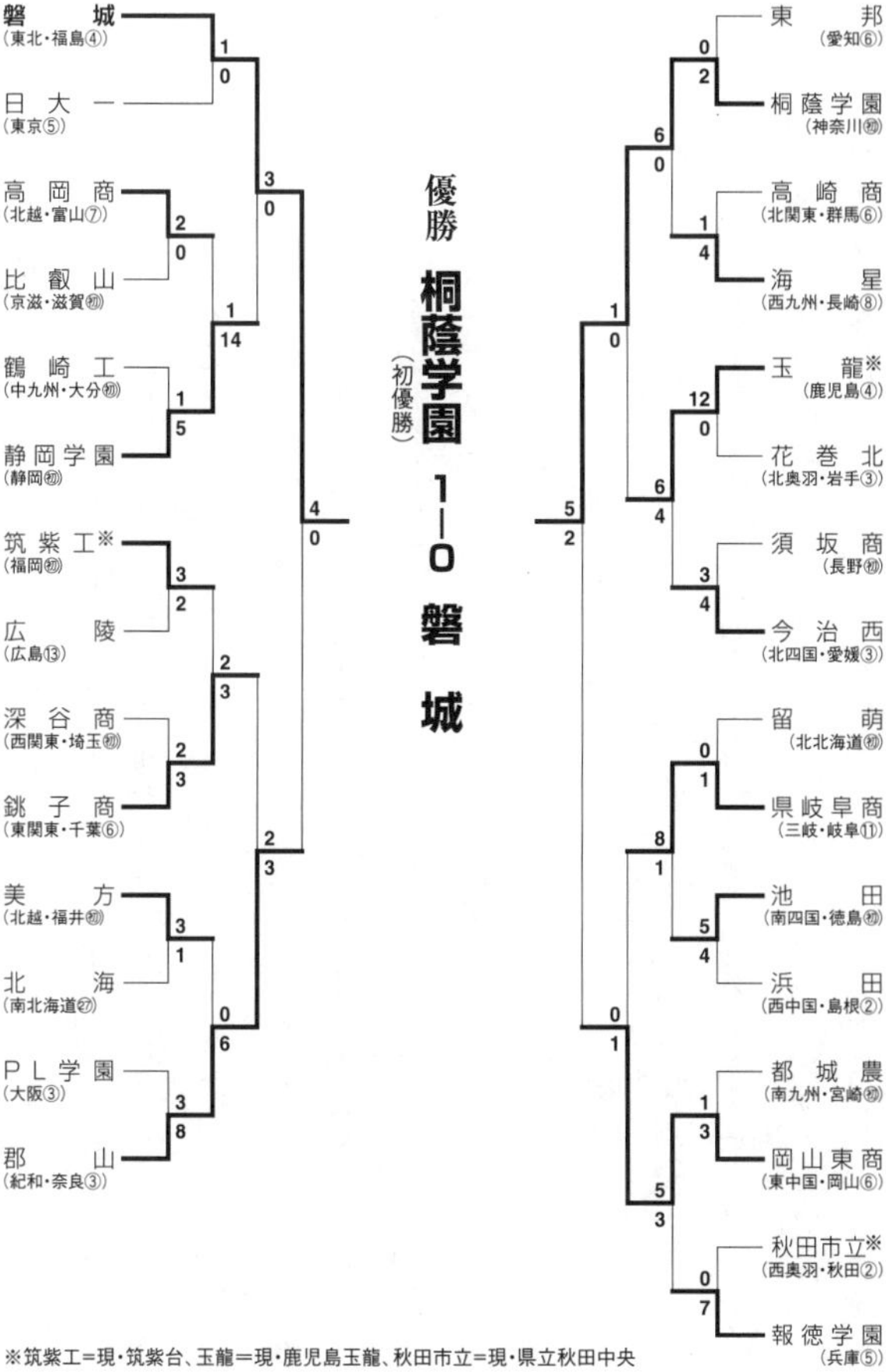

※筑紫工＝現・筑紫台、玉龍＝現・鹿児島玉龍、秋田市立＝現・県立秋田中央

エースが会得した運命のボール

前年の夏、春夏通じて4度目の甲子園に出場した磐城。初戦でPL学園（大阪）にサヨナラ負けすると、須永憲史監督は、そもそも捕手だった田村を新チームのエースに期待した。165センチ62キロは、小さいチームにあってもさらに小柄だが、肩はいい。コントロールもいい。キャプテンを任せるくらいだから、性格的にも強い。湯本二中時代に経験がある田村には、ピッチャーとしてのカンが戻るのも早かった。

だが、春になって練習試合に登板すると、ことごとく打ち込まれる。さほど球威がなく、真っすぐとカーブしかないのだから、いくら制球がよくてもバッターにとっては思うつぼだ。いつもなら勝って当然の、いわき市内の大会ですら勝てなかった。ストレートとカーブだけでは通用しない……。田村は、5月ころから新球のシュート、というよりシュートしながら落ちるシンカーに取り組むようになる。自分が投球を受けた前年のエース・木村孔明も、内角に沈むクセ球を持っており、その有効性はマスクごしに実体験済みだ。もともとスリークォーターだから、ナチュラル気味のシュートはあった。それよりも深く握れば、ボールが食い込みながら右打者のヒザ元に沈んでくれるのではないか――。

最初はなかなか、思うように落ちてくれない。落としたつもりが逆に浮いたり、シュートのつもりが思いのほか沈んだり。そんなとき、「落ちたぞ！」と騒ぐのだが、次もまったく同じつもりで投げてみると、なんの変化もしなかったり。県大会直前になっても、とてもではないがシンカーをモノにしたなどといえる状態じゃなかった。県大会初戦の相手は猪苗代。この年、会津地区では無敵といわれた好チームで、だれも口にこそしないが、ひょっとしたら初戦敗退も十分に考えられた。磐城といえば、福島では抜け出た存在だ。例年なら、1回戦は勝って当然……と決め込んで繰《く》り出さない応援団が、この年に限ってスタンドに詰めかけたのがその表れだ。

だが、ひょっとしたら……のこの試合を、磐城は10対0のコールドゲームで圧倒する。田村は、エラーともとれるヒット1本に抑える完璧な投球だった。

ここからだ、磐城の夏が始まったのは。

2回戦、相馬に3対1。3回戦、6対0白河。準々決勝、6対1若松商。そして県代表決定戦では、やってもやっても勝てなかった湯本に2対0で勝利し、県代表のキップをつかむ。

この福島県大会を通じて、田村はシンカーのツボを体得していった。大会前は〝沈むかどうか、ボールに聞いてくれ〟状態だったのが、勝ち進むにつれて、半分くらいの確率でシンカーとシュートを投げ分けられるようになっていく。そして県大会から東北大会までのわずか3日間ほどで、感覚を完全に保存した。シンカーを、自在に投げ分けられるようになったのだ。それから東北、古川と宮城県勢を倒し、甲子園代表の座を手に入れるまで、いや、甲子園の決勝の7回まで、魔球シンカーはまともにミートすらされていない（※編注：71年当時は1県1代表ではなく、東北代表）。

〝グラウンドに落ちている10円玉を見つける〟ために

須永監督はだが、東北大会を制し、甲子園キップをもたらした田村の好投にも、ねぎらいの言葉ひとつかけなかった。それどころか、決勝の古川戦、8回の打席で肩を痛め、終盤もたついた田村にカミナリを落としている。「なにをやっているんだ、交代させるぞ！」と。7対0と大量リードし、甲子園をほぼ手中にしている場面でさえ、決して手綱《たづな》を緩めることはない。

須永は、小名浜二中から東京の名門・早稲田実に進んだ。1年上には、王貞治がいた。家庭の事情で磐城に転校し、大学は日大へ。常磐炭鉱に進み、社会人野球では都市対抗に7回出場、強打の左打者として鳴らした。68年の秋から、母校の監督に就任。そのとき、ひとつの信念があった。素質に恵まれていない選手でも、どんなにヘタでも、3年までにはうまくなる。野球の基本を、当たり前にできるようになる……。

そのかわり、練習の厳しさは伝説的だ。イヤというほど繰り返されるランニング、打球を怖がらないための裸でのノック。シャクにさわるくらい、合理的でもあった。目覚まし時計をセットし、ベルが鳴るとともに次の種目に移る。ただでさえ部員数が少ないから、フリー打撃の順番を待つなどという悠長なことはしていられず、必ずなにかしら体を動かしている。当時としては先進的な、ウエート器具もそろっていた。

練習はほぼ8時ころには終わるから、さほど長いわけじゃない。だが、きわめて効率的な3時間が、ほかのチームの練習の5時間にも相当していた。終わったら、ぐったりと疲れ果てる。田村、野村隆一、阿部、舟木は、同方向からの電車通学組だが、練習が終わって帰宅するとき、4人がそろいもそろってうたた寝し、下車駅を乗り越したことが何度かある。

さらに、少しでも気を抜くと飛んでくる鉄拳、ケツバットあり、殴る蹴る……。分厚い体と岩を刻んだようないかつい表情の須永が、心底、鬼に見えた。いまなら即、問題になりそうな指導も、当たり前だった時代である。例年25人前後入部した新入生は、夏を迎えるころには7、8人に減っているのが常で、なぜか才能のある人間ほど辛抱がきかずに辞めていく。残った人間でやりくりするしかないから、165センチの田村をピッチャーに、と決断するしかないわけだ。

確かに厳しい。だが、体力も素質もないチームが甲子園を狙おうというのである。基本を確実に身につけるには、はき古したジーンズが体になじむような、反復の絶対数が必要だ。そして、練習から緊張を強いれば、試合で緊張しても、通常の精神状態でプレーできるはずだ。たとえば、グラウンドのどこかに10円玉が落ちている。土と同色のそれを、いつでも見つけられるだけの冷静さを、本番で保てるような練習。そこまでできて、初めて磐城は対等に戦える。だから練習中は、鬼にもなる。相手が精神的にうわずれば、徹底した基本が体力、素質を凌駕《りょうが》する可能性があるからだ。

一方で、須永の野球には緻密《ちみつ》さもあった。勝つためにはどうしたらいいかを突き詰め、斬新《ざんしん》な作戦も積極的に導入する。内野がバッテリーのサインによって守備位置を変えるのは当然で、二死二、三塁で二塁ランナーが転倒するふりをし、キャッチャーがしめたと思って送球したら、そのスキをついて三塁ランナーが本塁を狙う、というサインまであった。たまに自宅で見るプロ野球中継の解説者が「非常に高度なプレー」などというのを聞きながら、選手たちは「そんな戦法、オレらとっくにやっているよ」と思うのである。

県立の普通校だからといって、純情一途に野球をする必要はない。外敵に襲われた小動物が、生き延びるために全知全能を働かせるように、ふつうの高校生たちが強豪にぶつかるにはむしろ、したたかすぎるほどしたたかになるしかない。

さらに、3年生を重用した。入学してきたときは、腹の中でこれは使い物にならないと思っても、3年間厳しい練習に耐え、弱音を吐かずに食らいついてくる選手がいる。素質や体力では数段上の選手が脱落するのを目にしながら、なまじの精神のタフさじゃない。そういうヤツほど、なにかをやってくれるはずだという信念。71年の8人の3年生は、ほとんどがそうやって定位置を手にしていた。田村と先崎史雄以外は、どこか別のチームならレギュラーになれたかどうか。そんな集団である。

71年の夏、県大会が始まる前の恒例の合宿。「つらい、苦しい日々だったけれど、君たちはどこにも負けない、全国で1番の練習をやってきた。だから、自信を持ってぶつかれ。準備はすべてできている。安心しろ」。須永が年にたった1度、仏となるときだ。そして――磐城は、県大会と東北大会を練習どおり、冷静に戦い抜いた。つごう7試合でノーエラーだった守備陣が、そのことをなによりも物語っている。2年連続で福島県から夏の甲子園に出場するのは、36年ぶり2度目のことだった。

優勝候補に挑む

8月5日、甲子園の組み合わせ抽選会。田村の前には2本のクジしかない。代表30校のうち、26校はすでに対戦相手が決まり、表の空欄はふたつ。ひとつは初日の開幕第1試合、もうひとつは対照的に、1回戦不戦勝で最後の登場となる5日目第2試合

日大一戦の3回、宗像がライト前タイムリーを放つ。結果的にこれが虎の子の1点となり、目論見どおりに優勝候補を撃破

の枠だが、相手が悪い。優勝候補の最右翼・日大一なのである。それでも田村は、日大一との対戦を引きたかった。というよりも、初日を引いた時点で負けだと思った。

磐城ナインは、甲子園出場を決めて仙台からいわきへの車中、乗客が読む新聞の見出しをのぞき見た。「日大一、日本一の胴上げ」という大きな活字。準決勝でセンバツ優勝の日大三を打ち砕いて東京を制した日大一は、平均身長175センチと磐城を6センチも上回り、三番・田村嘉昭、四番・伊藤裕啓は、春からすでに10本ものホームランを放っている。また、1年からエースを務める保坂英二（元・日本ハム）がケタ違いで、前年の夏の甲子園では、都城（宮崎）から17奪三振を記録。東京大会でも、高校生離れしたストレートとキレのいいカーブで、6試合で78個もの三振の山を築いた。対して磐城は、新チーム以後全員が束になっても、ホームランなど皆無。同じ高校生で、これだけ違うものかなぁ……車中で、ため息がもれた。だが田村が願ったのは、残ったふたつのクジのうち、その優勝候補との対戦である。

8月1日の東北大会の決勝で、7回二死までパーフェクトに抑えていた田村が終盤1点を失ったのは、肩を痛めたからだった。それ以後は、回復に努めるために、ピッチングはまったくしていない。開幕戦ならば、7日になる。まだ痛みが残る田村にしては、相手がどこかよりも、試合が少しでも先に延びたほうがありがたかった。その田村が引いたクジは、5日目第2試合、日大一。抽選会場がどよめいた。

「実力はウチが上。まあ、勝てるでしょう」。日大一・三沢信明監督は、勝利宣言。確かに、だれが見ても横綱と平幕以上の実力差がある。だが須永にとっては、番付は関係なかった。5日目という日程は、田村の肩のためにも、また相手の分析のためにもつごうがよく、まずはあらゆるツテをたどって日大一のデータを集める。練習の偵察に行けば、自信たっぷりの日大一は、磐城の偵察隊がいることを察知しても、タカをくくってすっかり手の内をさらした。シート打撃では、本番さながらのブロックサインもおさらい。こうして丹念に集められた日大一のデータは、須永によって分析され、まとめられる。その資料をもとに、連日綿密なミーティングが繰り返された。

超高校級の保坂対策としては、打撃投手としてOB左腕を呼び寄せた。プレートの5メートルも前から投げるものだから、目にも止まらないスピードで、最初はまるで当たらない。それがいつしか、目が慣れるうちにどうにかチップし、ポップフライになり、曲がりなりにもフェアゾーンに飛ぶようになる。少なくとも保坂の速球に、バットを出すことくらいはできそうだった。

当時の宿舎・中寿美花壇の便せんに書かれた須永のレポートには、一目見ればわかる独特の文字で、たとえばこんなふうにある。〝三番・田村＝コースをついた外角には手が出ない〟〝四番・伊藤＝前に体が出ていくので、カーブは打てない。内角シュートは詰まる可能性あり〟。便せんをひっくり返すと、三沢のサインがいとも簡単に分析されていた。左手で右腕をさわるとエンドラン、胸は盗塁、顔はバント……こんなふうに、日大一は戦う前からすっかり丸裸にされていたわけだ。そうすればいざ試合になっても、〝グラウンドに落ちている10円玉を見つける〟冷静さが保てる。

「落ちろ！　シンカー」——406分の1の失投

終わってみれば、1対0。肩の痛みが回復し、テンポと度胸よく投げ込む田村に、日大一の強力打線は5安打と沈黙した。外のタマはホームベースすれすれをよぎり、踏み込んで打とうとすればシュートが内角をえぐる。打ち気がないと見ればズバッとストレート。追い込んだら、打者をじらすようにわざと間合いをゆっくり取る。一方で打線も、保坂から11三振を喫しはしたが、3回二死から四球、ヒットでめぐってきたチャンスに宗像治がライト前へ。ライトがファンブルする間に、セカンドから岡田雅俊がホームインし、虎の子の1点をもぎ取った。

日大一は、データそのままのサインで試合をしてきた。左手が胸をさわったら盗塁、というあれである。2回一死から保坂がヒットで出ると、まさにそのサインが出た。須永も、キャッチャーの野村も、ショートの先崎も、〝あれっ〟と思った。まさか、練習のときと同じサインのわけはないだろう……半信半疑ながらウエストすると、やはり走ってきた。田村も盗塁に備えてクイックで投げたし、それなら肩の弱い捕手・野村でも、十分に余裕がある。保坂は、二塁で憤死した。

疑心暗鬼にかられた日大一ベンチは、次の山中秀明がヒットで出ると、しつこくこれも盗塁をしかけてくる。やはり同じサインで、だ。磐城バッテリーはウエストし、二塁に刺す。ビデオテープのような痛い代償を払って、日大一はサインが見抜かれていることを知っただけだった。その後3安打1死球では、おそらく急きょサインを変更しても、得点はおぼつかない。なにしろ、三塁ベースさえ踏めなかったのだから。

優勝候補を完封した田村は、続く準々決勝の静岡学園戦も5安打完封。郡山戦、8安打完封。いつしか〝小さな大投手〟と呼ばれるようになり、決勝の桐蔭学園戦も6回まで0に封じている。そして7回、二死三塁——。

打席に峰尾が入ったとき、雨がいっそう激しくなった。初球、シンカーが鋭く落ちてストライク。2球目はファウル。3球目は、真っすぐをウエスト。これで1ボール2ストライク。ただ田村は、この3球目を投げたとき、ちょっとイヤな感じがした。ファウルのあとで交換したニューボールが、指にかからずに微妙に滑ったのだ。だが自分でボールを拭くと、手の脂でかえってボールが滑るような気がする。だから4球目を投げる前、いつものようにボールを拭いてもらおうと、キャッチャーの野村に合図を送った。ところが野村は、それに気づかずにシグナルを送り始めた。こうなるとセットポジションに入るしかない。バッテリーの選択は——シンカー。

雨は降り続いている。ボールの滑りが気になるが、峰尾は当たっていないし、1球目のシンカーは、自分でも驚くくらいにキレがよかった。あれくらい落ちれば、打たれはしない。三塁ランナーにちらりと目をやり、小柄な体全体をバネにして、スリークォーターから田村が投じる。だが、投げた瞬間にわかった。危惧したとおり、指に引っかからず、落ちてくれそうにない。落ちないシンカーはただの棒ダマで、まして左足を開いて打つ峰尾にとって、内角は打ちごろになる。危険を察知した田村の投手としての本能が、こう告げた。どうせ落ちないのならデッドボールになってくれ、それなら少なくとも点は取られない、と。

だがボールはややシュートしたものの、沈むことも、死球になることもなく、峰尾のヒットゾーンに吸い込まれていく。鋭い音がして、田村は大きな大きな1点を取られたことをその瞬間にさとった。がっくりと右ヒザをつき、ただ不思議なことに、表情はむしろ満足げな苦笑で打球を振り返る。視線の先では、落ちなかったシンカーをとらえた峰尾の打球が左中間を割り、外野手が懸命にそれを追いかけていた……。

結局——磐城は、桐蔭学園に0対1で惜敗し、東北勢初の優勝はならなかった。もし、峰尾の打席で急に雨が強くならなければ。もし、ニューボールじゃなかったら。田村が甲子園で投げた406球のうち、たった1球の失投もなかったかもしれない。

となると、試合の行方はどうだったのか。〝たら、れば〟の話はまあいいとしても――あれから40年、春夏の甲子園の優勝旗は、海峡を越えて北海道に渡りはしたが、まだ東北の地にははためいていない。

高校野球は、この桐蔭学園の優勝あたりから様変わりした。私立高校が学校の知名度を高めるための戦略として、甲子園出場に躍起になる。やがて、有望な選手をかき集めたそうしたチームが、甲子園を席巻《せっけん》する。たまたま入学してきた生徒だけで野球をする公立高校では、とても太刀打ちできないようになっていった。磐城の準優勝は、そこいらでかき氷でもほおばっていそうな、ふつうの高校生たちの最後の輝きだったかもしれない。

桐蔭の優勝を決めるホームを踏み、大学・社会人を経て、長く母校を率いる土屋は、この決勝戦をいまでも鮮明に覚えている。監督として壁にぶち当たったときには、すり切れるほど見たビデオをもう1度、見る。するとまた〝ヨシッ〟とやる気になる。だから、磐城のスタメンはすっかり記憶しているという。

最後に――須永の指導を受けた同期生8人のうち、田村（79年・安積商、85年・磐

磐城高校

1971年度 第53回全国高校野球選手権大会
全成績

●決勝

磐城	0	0	0	0	0	0	0	0	0	0
桐蔭学園	0	0	0	0	0	0	1	0	X	1

【磐城】		打数	得点	安打	打点
(遊)	先崎	3	0	0	0
(中)	宗像	3	0	0	0
(左)	若尾	4	0	1	0
(投)	田村	3	0	0	0
(右)	松崎	4	0	1	0
(三)	阿部	3	0	0	0
(二)	舟木	3	0	1	0
(捕)	野村	2	0	1	0
(一)	岡田	1	0	0	0
計		26	0	4	0

[残塁]6 [犠打]5 [併殺]1 [失策]0

投手		回数	打者	被安打	奪三振	与四死球	自責点
(磐)	田村	8	29	7	2	0	1

【桐蔭学園】		打数	得点	安打	打点
(中)	小島	4	0	1	0
(右)	室伏	4	0	0	0
(二)	柏木	3	0	1	0
(捕)	土屋	3	1	1	0
(左)	三谷	3	0	2	0
(一)	峰尾	3	0	1	1
(遊)	高橋	3	0	0	0
(投)	大塚	3	0	0	0
(三)	青柳	3	0	1	0
計		29	1	7	1

[残塁]4 [犠打]0 [併殺]0 [失策]2

投手		回数	打者	被安打	奪三振	与四死球	自責点
(桐)	大塚	9	33	4	1	2	0

●準決勝

磐城	0	0	0	0	2	0	0	2	0	4
郡山	0	0	0	0	0	0	0	0	0	0

[投―捕](磐)田村―野村 (郡)川畑―福田

●準々決勝

磐城	2	0	0	0	0	0	0	0	1	3
静岡学園	0	0	0	0	0	0	0	0	0	0

[投―捕](磐)田村―野村 (静)竹内―熊丸

●2回戦

磐城	0	0	1	0	0	0	0	0	0	1
日大一	0	0	0	0	0	0	0	0	0	0

[投―捕](磐)田村―野村 (日)保坂―伊藤

城）、先崎（87年夏・日大東北）、宗像（88年春・福島北）の3人が、それぞれ別の高校で、監督として甲子園の土を踏んでいる。こんなこと、全国的にもちょっと例がないのではないか。また、大会を通じてわずか1失点で準優勝というのは、あとにも先にも〝小さな大投手〟磐城の田村だけである。

其の二

1973年 作新学院（栃木）

昭和の怪物・江川卓

作新学院・江川卓

衝撃の全国デビュー

40年近くも前のことなのに、鮮明に覚えているマンガの1コマがある。風呂の洗い場で、2人がこちらに背中を向けて並んでいる。そして1人が、ほれぼれというのだ。「でっかいケツだなあ！」。『男どアホウ甲子園』『ドカベン』などの野球マンガで知られる水島新司さんである。

〝でっかいケツ〟は、作新学院の江川卓だった。

「1973年のセンバツのときです。江川君の作新学院が出場するので、矢も楯もたまらずアシスタントを引き連れて甲子園に乗り込んだんです。それがラッキーなことに、作新が泊まっているホテルに同宿できましてね。江川君とは、前年の秋に電話で対談していますから旧知の仲で、よく話したり、公園でキャッチボールもしてもらいましたよ。仕事が忙しい最中で、ホテルの一部屋を仕事部屋にしていたんですが、江川君がスミを入れてくれたコマもあるんです。

1週間くらい滞在したある日、『先生、風呂に入りますけど。いっしょにどうですか』と。喜んで入りましたよ。驚きました。裸になって並んで座ったときの、あの腰から下、ケツの大きさといったら。いっしょにいたほかのチームメートとは大人と子ども、倍ぐらいの違いがありました。もともと大人びた男とはいえ、とにかくあの下半身の雄大さ。ケツの大きいピッチャーは大成する、というのが僕の持論で、それをマンガにしました」

この春の、江川卓。前年夏の新チーム結成から110イニング無失点という、それこそ野球マンガのヒーローのような記録をひっさげ、初めての甲子園に乗り込んでいた。3月27日の開幕試合に登場すると、出場30校中最高のチーム打率・336を誇る北陽（大阪）から、いきなり3者三振。2回表も四番を三振で、ここまで1球もボールにかすらせない。初めてバットにボールが当たったのは五番・有田二三男（元・近鉄）のファウルで、このときには満員のスタンドが大きくどよめいた。当たった！というわけだ。江川の投じた、23球目だった。水島さんはいう。

「本人はのちに『当時は木のバットだったから。いまなら何本かはポテンヒットになり、無失点も続かなかったでしょう』といっていましたが、なにしろ当たんないんだから。木にしても金属にしても、当たんなければ同じことですよね」

監督・部長として北陽を31年間率い、70年のセンバツ準優勝をはじめ甲子園通算13勝を記録した松岡英孝は当時、部長としてベンチに入っていた。

「抽選会場に行ったとき、江川君だけ体が違うんです。そもそも完全試合やノーヒットノーランを何回もやるし、三振だって20も取るピッチャーでしょう。ことだけは当たるなよ、と思ったら当たってしまって。でも選手には、そんなこといえませんわ（笑）。実際に対戦してみるとそれは速かったし、ダグアウトから見ていてもボールが浮き上がる感じでした。ふつうのピッチャーの軌道のつもりでは、空振りするんです。しかも足の上げ方やテイクバックの小ささで、出どころが見にくいんですね。ベンチに戻ってきた選手たちがいうんですよ。『先生、マウンドがものすごく近う見えるわ』って。

それでも選手たちには『思いきり振れ！』といいました。点を取るには、ホームランかホームスチールしかないと思ったんです。一発いかな、しょうがないんですよ。ヒットが出て送ったとしても、後続のヒットは期待できない。5回、有田の三塁打が初ヒットで、ここでホームスチールのサインを出したんですけど、アウトコースの真っすぐでタッチアウト。私が未熟でしたね、打者と重なってタッチしにくいインコースか、めったに放らないカーブのときにサインを出していたらまた違ったかもしれません。

ウチにも有田というピッチャーがいましたし、力のあるチームでしたが4安打、19三振で、結局0対2ですか。私は大阪では尾崎行雄君（浪商―東映）、江夏豊君（大阪学院―阪神など）を見ていますが、江川君はあの2人に匹敵する速さでした」

これが、1年の夏から完全試合を達成し、怪物と呼ばれた男の全国区デビューである。噂どおりの、いや、噂以上の衝撃だった。水島さんが〝でっかいケツ〟を目の当たりにするのは、このあとのことだ。ちょうど、地方競馬から中央に移籍したハイセイコーが、地方競馬時代からの連勝を8に伸ばし、怪物と称されていたころ。73年の日本列島は、人馬の怪物が大股で闊歩《かっぽ》していた。

江川はこの大会、続く小倉南（福岡）戦では7回を3安打10奪三振、今治西（愛媛）戦では7回二死までパーフェクト。8連続を含む20奪三振で1安打完封を演じた。今治西ナインは語っている。「愛媛にも藤田学（南宇和、のちに南海）がいたけれど、とにかく江川のような速いボールは見たことがない。恐怖感さえあった」――作新はベスト4に進出し、江川の無失点記録は135回になっていた。

準決勝、広島商（広島）戦。率いるのは、迫田穆成監督（現・如水館監督）である。迫田は、72年夏に新チームがスタートすると、すぐに江川の攻略法を考え始めた。エース・佃正樹、キャッチャー・達川光男（元・広島監督）ショート・金光興二（現・法政大監督）ら好選手をそろえ、全国制覇を目論んでいたからだ。それには、どこかで江川を倒さなければならない――。だが、実際にそのボールを見てみると、策を弄《ろう》せず、負けない野球をするしかない、という結論に落ち着いた。点を与えず相手のミスを待つこと、ファウルで粘って球数を投げさせること、投球テンポを狂わせること……。

事実、そうなった。作新が1点を先制した5回裏、チーム初安打となる佃のテキサスヒットで二塁から達川が還《かえ》って同点。江川の無失点記録が、139で途切れる。8回、四球などで二死一、二塁のチャンスから、迫田はダブルスチールを仕掛けた。ここで作新の捕手・小倉偉民（現姓・亀岡）の送球が、三塁手・荒田悟の頭上に高くそ

予選では怪物・江川卓見たさに球場に駆けつけた大観衆に対し、球場側はバックスクリーンを開放。凄まじい注目度の高さがうかがい知れる

れ、金光が決勝のホームを踏む。広島商は2安打ながら得た四球8。江川の投球数149――。「野球は1人ではできないことを知りました」と江川は語ったが、この大会の江川は4試合33回を投げて被安打8、自責点1、防御率は0・27である。奪った三振、なんと60。奪三振率にすると16以上にもなる驚異の数字は、いまだに破られていない。

江川卓の中学時代

「このセンバツが江川にとって初めての甲子園でしょう。出るのが遅かったですよね」

というのは、作新学院大学野球部の監督・川中子光一である。江川の2学年上。捕手として、高校1年の江川のタマを受けた。その後も日大-日立製作所でプレーし、のちに日立栃木（現・日立アプライアンス）の軟式野球部監督を務めた。大学野球の指導者に転じて6年が経つ。

すごいピッチャーが入ってくる、お前が捕れないようなボールを放るぞ……と聞いたのは、71年のセンバツの前だった。それが江川だった。まさか、と思った。センバツでは、初戦で大鉄（大阪）に惜敗（0対1）したとはいえ、かりにも自分たちは全国大会に出ているのだ。いくらすごくても、中学を出たてのひよっ子のボールを捕れないわけがない。

初めて受けたのは、4月ころだったか。整備の行き届いていない、一塁側ブルペン。構えた足もとには、雑草が生えていた。きちんと整備された三塁側ブルペンは主力用で、入学直後の江川はまだ、使わせてもらえなかったのだ。川中子はいう。

「うん、けっこう速かったですよ。それでもさすがに、私が捕れないほどじゃありません。のちにあんな〝怪物〟になるとは……想像できませんでした」

話はさかのぼる。江川が作新に入学する前年、栃木の中学球界で抜きん出ていたのは栃木東中だ。69年秋の新人戦で県大会を制し、70年シーズンでも大本命だった。だが、70年の春先。その王者が、小山中との練習試合で敗れてしまうのだ。小山中のピッチャーが、江川。前年秋に静岡・佐久間中から転校してきたため、新人戦には出ていなかった。

衝撃でした、というのは石川忠央だ。当時栃木東中の五番を打ち、栃木工－専修大でプレーした。現在は、栃木市内にあるスポーツショップ『石川スポーツ』の、代表取締役である。

「江川が投げて、たぶん1対2か2対3で負けているんです。三振もかなり取られました。僕も連続三振をしているはずです。速かったですねぇ。小山中は、前の年の秋には県大会にも出ていないのでノーマークでしたが、江川ともう1人、秋にはいなかった和田（幸一）という選手が転校してきていたんですよ。のちに、作新学院で一番を打つ選手です」

70年、ノーマークだったはずの小山中は、8月の栃木県中学校総体で優勝を果たす。決勝は、栃木東中と延長の接戦だった。

エースはむろん江川だが、それでもそのころは、手も足も出ないという感じではなかったという。タマこそ速かったが、コントロールがめちゃくちゃだったのだ。総体のあとで行われた少年野球大会も、決勝はまたも小山中と栃木東中。このときは江川が3安打に抑えながら10四死球を与え、栃木東中が延長8回（※中学の試合は7回制）

をモノにしている。石川の追憶。

「確かにタマは速かったけど、四球が多かったんです。軟式のボールが合わなかったのか、浮いたボールが多くてね。四球で出て、そこに足とバントを絡めていけば、つけ込むスキはありました」

とはいえ、無名校を県大会優勝に導いたのである。とてつもない逸材がいる――江川の名前は一躍脚光を浴び、その進路も含めて注目されるようになっていた。栃木東中ナインにとっても、江川ら小山中勢の進学先は興味津々である。ライバルとして何度も対戦し、交流があった。高校で野球を続けて甲子園を目ざす者なら、自然、進路はどうする？　という話にもなった。その輪に、当時栃木東中の金久保孝治もいた。金久保はそのころ、小山市内の江川の家に遊びに行ったことさえある。

「お母さんに食事をつくってもらったりもしました。中3の冬でしたか……栃木東中や小山中から何人か小山高を希望していて、私もその1人でした。断言はしませんでしたが、江川もそんな雰囲気だったんです。小山高は小山中のそば、江川家の近くでしたしね。通学するにはむしろ、栃木市内の私のほうが条件が悪い。そのころ、小山二中には大橋（康延、のちに大洋）がいて、江川が小山に行きそうだということで、進学希望を小山から作新学院に変更したようでした。

実際、江川は小山に願書を出したんです。ところが入試の前日、江川のオヤジさんから私に電話がありまして『卓は小山に行けない』というんです。う～ん……本人に面と向かって聞いたことがないので、理由は想像の域を出ませんが、大橋にとっては皮肉ですよね。江川がいるとエースになれない、と進路を変更したのに急転直下、その作新に江川が来るんですから。私もよく想像します。もし江川が小山に来ていたら、私も3回くらいは甲子園に行っていたんじゃないか、人生、変わっていたんじゃないか、って」

金久保は小山から法政大でプレー。ここでは、慶応大受験に失敗した江川とチームメートになった。なんたる運命のいたずらか。いっしょにプレーするはずの高校では別々になり、江川がいないはずの大学には江川がついてきたのだから。

大学時代は、袴田英利（のちにロッテ）の陰に隠れていた金久保だが、社会人野球（日本鋼管－NKK、いずれも当時）で開花した。86年の都市対抗で史上2人目の1試合3ホーマーを記録し、のちに全日本の四番を務めるほど、息の長い野球生活を送ることになる。

ともあれ、71年。作新学院に〝すごいピッチャーが入ってくる〟わけだ。

遠い甲子園

江川に対する川中子の第一印象が「けっこう速い」程度だったのは、同期に竹内広明（深谷商、のちに大洋）という速球派がおり、たびたび対戦していたせいもある。だが、中学までの軟式から硬球に慣れるとともに、怪物は覚醒《かくせい》しつつあった。

140人が入部した当初こそ、走り込みやトレーニングに明け暮れていたが、5月に入ると、足利工（栃木）や前橋商（群馬）といった強豪相手の練習試合で、江川は3安打、2安打と連続完封する。そのころにはむろん、一塁側ブルペンから主力が投げる三塁側に出世。当時指揮を執っていたのは山本理監督（肩書きは部長）だが、センバツ時のエース・金瀬康夫のほかにもう1人、ピッチャーの軸をつくりたかったようだ。

「日に日に球速が増していたんでしょう。毎日受けているからそれに気がつきませんが、試合になると、強いチームのバッターもついてこられないんです。振り遅ればかりで……。また、高めのボール球をみんな振ってくれる。手を離れたときには、並のピッチャーなら落ちてくる軌道なのに、江川の場合は球速が落ちず、むしろホップする。だから振ってくれるんです。遅まきながらこのころ、どうもただ者じゃないぞ、と思った」（川中子）

川中子はまた、江川に遠投を徹底させた。自身それほど肩が強くなく、遠投によって強化した経験があったからだ。ブルペンに入る前、隣接する軟式球場で100〜150球。それも山なりのボールではなく、糸を引くような低い弾道を要求した。地面と水平なボールを、90〜100メートルほどを目標に投げる。最初はスリーバウンドで届くのがやっとだ。だが、1日1時間繰《く》り返すうち、エネルギーをロスなくボールに伝える体の使い方を覚えていく。ツーバウンドで届くようになる。さらに、肩関節の可動域が広がるにつれてワンバウンド……少年時代静岡で育った江川が、天竜川の向こう岸めがけて石を投げていたような毎日。やがて江川の放った矢は、ダイレクトで川中子のミットに突き刺さるようになった。

夏の栃木県大会では、背番号17ながら実質エースとして2回戦（対足尾）で救援。5回15打者を完全、7奪三振でデビューすると、圧巻は準々決勝、烏山戦だった。打者27人を8奪三振、内野ゴロ11、内野フライ1（邪飛2）、外野フライ4（邪飛1）。栃木県の夏の大会史上初めての完全試合を、1年生で達成するのだ。川中子の記憶によると、後半はカーブも何球か使ったが、そのことで山本からクギを刺された。ダメだよ、記録なんかつくらせたら。真っすぐだけでよかったんだ。生意気になって練習しなくなったらどうする——というわけらしい。結局、記録をつくったからではないにしても、作新学院は次の宇都宮商戦で敗れた。これが、江川の最初の夏である。

栃木工の石川が江川と再会するのは、1年の夏、新チームになっての練習試合だった。中学時代から1年ぶりの対戦だったが、試合前のキャッチボールで驚いた。江川は、その場で軽く投げても、優に100メートルは届くのである。それも、糸を引くような弾道。川中子との遠投の果実だった。コンビを組むキャッチャーは、助走をつけて山なりに投げても、江川まで届かない。距離を縮め、塁間程度で投げるボールを横から見ると、1人だけ明らかに回転が違った。物理的にはあり得なくても、ホップするのがわかるのだ。

「私は三番でした。一、二番が三振、三振。ふつうに振りだしたら、打てないんですよ。私は中学時代の経験があるので、多少タイミングの取り方がわかっていました。最初からトップの位置に構えておくんです。それでないと、とてもついていけません。ただ、いざ打席に立ったら、タマの質が違いましたね。体が大きくて威圧感もあるし、これは打てねえな、という感じで。プレートの後ろから投げてくれたとしても、当たりそうにありませんでした。たまたま無我夢中で振ったら、バットに当たってくれてライト線の二塁打になりましたが、結局ウチはそのヒット1本だけです。三振は、いくつ取られたか……」

実際、モノが違った。その秋の江川は、栃木県大会4試合に投げ、ノーヒットノーランを含み30イニングを2失点、38奪三振。優勝して進んだ関東大会1回戦（対前橋工［群馬］）では、1回二死から10者連続奪三振という離れ業を演じていた。だが、頭部に死球を受けて5回表で退場。連続奪三振、ノーヒットノーランが途切れただけではなく、チームも逆転負けして翌春のセンバツ出場が消えてしまうのだ。川中子が「(甲子園出場が)遅かった」というのは、このあたりの江川の運のなさにもある。

記録にも、記憶にも……

江川、高校2年。当然のように春の県大会を優勝した作新学院は、夏の甲子園出場に向けて最短距離にいた。つねに得点力不足をささやかれながら、春の関東大会では前橋育英(群馬)から11点を挙げてコールド勝ちしている。江川という存在がある以上、1点を取れば勝ちに等しいのだから、甲子園は手の届くところにあった。そして夏。大田原戦、ノーヒットノーラン。石橋戦、完全試合。栃木工戦、ノーヒットノーラン。栃木工の四番を打っていた石川は、いまでも信じられないことがある。

「たまたまある打席だけ、ドンピシャのタイミングでとらえた、という感触があったんです。それがバットの上っ面に当たり、ファウルになったんですが、当時は木のバットでしょう。バットから、焦げ臭いにおいがしたんですよ、本当に。いったい、どれだけのスピードがあればそんなことが起きるのか……」

ここまで27回で、奪三振は45、与四死球4。バットを焦がすほどの、べらぼうな摩擦係数を持ったボールである。水島さんは「すごすぎて、マンガのモデルにもならない。江川のことだ、とすぐに読者にわかってしまう」といったが、ノーヒットノーラン程度では、もはやだれも驚かなくなっていた。

北関東大会出場をかけた準決勝の相手は、金久保のいる小山。江川は、無安打を継続した。だが、味方も1点が取れない。0対0のまま延長に入った時点で、連続無安打は36イニングになっていた。快挙4試合分である。10回裏二死から初安打が出て、無安打記録が途切れた11回裏だ。

「四番の私が先頭打者で、ヒットで出たんです。バントや内野安打で一死二、三塁になり、スクイズでサヨナラ勝ち。ホームを踏んだのが、私でした」(金久保)

やはり、甲子園が遠い。もしかしたらユニフォームを着ていたかもしれない小山に敗れるのが、江川という怪物の巡り合わせだった。

江川をよく知る人は、この夏から秋にかけてが絶頂期だったという。事実、2年の新チームなってからの江川は、ハデな記録こそないものの相手に点を与えることがなかった。それも、相手が強ければ強いほど、力を発揮する。関東大会準決勝、銚子商（千葉）を1安打完封、20奪三振。決勝、横浜（神奈川）を4安打完封16奪三振。そして冒頭のとおり、73年のセンバツで、ようやく初めての甲子園にたどり着いている。

その夏も甲子園に登場した江川だが、2回戦、銚子商に延長12回サヨナラで敗れた。野球好きな詩人・サトウハチローが『この日から雨がきらいになった』と書いた、あまりにも有名な雨中の押し出しだ。

結局、江川が甲子園で投げたのは6試合にすぎない。桑田真澄の23試合には遠く及ばず、松坂大輔、斎藤佑樹の11試合の半分強だ。彼らのような全国制覇もむろん、ない。73年センバツのベスト4が最高で、勝ち星にして4。ただ特筆すべきは、打倒江川に知略をめぐらし、実際に江川の作新と対戦したチームが、ことごとく全国制覇していることだ。渡辺元（のちに元智に改名）の横浜、73年センバツ。迫田の広島商、73年夏。そして斉藤一之の銚子商、74年夏……。

江川自身の甲子園通算記録は、6試合59回3分の1を投げて奪三振92、自責点3、防御率0・41である。付け加えれば、招待試合の連続で疲弊していたといわれる73年夏も、柳川商（福岡）戦の6回に1点を奪われるまで、145回連続無失点を続けていた。

恐るべしは栃木県大会で、5試合44回を投げて無失点どころか、被安打さえわずか2だ。ノーヒットノーラン3試合。そのうち2試合は無四球で、それぞれ振り逃げ1、失策2の走者を許したのみの、実質は完全試合だった。

そんなピッチャー、2度と出てこない。だからこそ——江川卓は、記録にも記憶にも、特太のゴシック体で残っているのだ。

☆1973年度 第55回 全国高校野球選手権大会☆

[熱戦の軌跡]

※都道府県名のあとの丸数字は出場回数

仙台育英	宮城③
鳥取西	鳥取⑱
唐津商	佐賀②
富山商	富山⑤
前橋工	群馬②
福井商	福井②
前原	沖縄(初)
川越工	埼玉②
萩商	山口(初)
藤沢商※	神奈川(初)
八代東	熊本②
盛岡三	岩手(初)
東邦	愛知⑦
高知商	高知⑩
甲府工	山梨③
浜田商	島根(初)
糸魚川商工※	新潟②
日田林工	大分(初)
三重	三重④
鳴門工	徳島(初)
双葉	福島(初)
広島商	広島⑫
鹿児島実	鹿児島③
日大山形	山形③
金沢市工	石川②
高鍋	宮崎⑤
秋田	秋田⑭
北陽	大阪②
東洋大姫路	兵庫③
旭川龍谷	北北海道(初)
箕島	和歌山②
丸子実※	長野③
日大一	東京⑥
今治西	愛媛④
札幌商※	南北海道⑤
京都商※	京都⑥
取手一	茨城③
高松商	香川⑫
柳川商※	福岡②
作新学院	栃木④
岡山東商	岡山⑦
銚子商	千葉⑦
伊香	滋賀②
中京商※	岐阜(初)
青森商	青森(初)
天理	奈良⑤
海星	長崎⑩
静岡	静岡⑯

1回戦	仙台育英 － 鳥取西	0－3
1回戦	唐津商 － 富山商	4－7
1回戦	前橋工 － 福井商	0－8
1回戦	前原 － 川越工	0－7
1回戦	萩商 － 藤沢商	2－5
1回戦	八代東 － 盛岡三	0－1
1回戦	甲府工 － 浜田商	0－1
1回戦	糸魚川商工 － 日田林工	0－1
1回戦	三重 － 鳴門工	3－13
1回戦	双葉 － 広島商	0－12
1回戦	鹿児島実 － 日大山形	1－2
1回戦	金沢市工 － 高鍋	0－3
1回戦	箕島 － 丸子実	4－9
1回戦	日大一 － 今治西	1－7
1回戦	札幌商 － 京都商	0－1
1回戦	取手一 － 高松商	1－2
1回戦	柳川商 － 作新学院	1－2
1回戦	岡山東商 － 銚子商	0－1
1回戦	伊香 － 中京商	1－11
1回戦	青森商 － 天理	0－6
2回戦	鳥取西 － 富山商	0－1
2回戦	福井商 － 川越工	2－7
2回戦	藤沢商 － 盛岡三	0－1
2回戦	東邦 － 高知商	3－5
2回戦	浜田商 － 日田林工	0－3
2回戦	鳴門工 － 広島商	0－3
2回戦	日大山形 － 高鍋	1－4
2回戦	秋田 － 北陽	0－1
2回戦	東洋大姫路 － 旭川龍谷	2－3
2回戦	丸子実 － 今治西	0－5
2回戦	京都商 － 高松商	0－1
2回戦	作新学院 － 銚子商	0－1
2回戦	中京商 － 天理	0－3
2回戦	海星 － 静岡	0－10
3回戦	富山商 － 川越工	2－6
3回戦	盛岡三 － 高知商	1－2
3回戦	日田林工 － 広島商	2－3
3回戦	高鍋 － 北陽	0－1
3回戦	旭川龍谷 － 今治西	0－3
3回戦	高松商 － 銚子商	3－4
3回戦	天理 － 静岡	0－7
準々決勝	高知商 － 広島商	2－7
準々決勝	北陽 － 今治西	2－6
準々決勝	銚子商 － 静岡	3－5
準決勝	川越工 － 広島商	0－7
準決勝	今治西 － 静岡	0－6
決勝	広島商 － 静岡	3－2

優勝 **広島商**（16年ぶり5度目）

※藤沢商＝現・藤沢翔陵、糸魚川商工＝現・糸魚川白嶺、丸子実＝現・丸子修学館、札幌商＝現・北海学園札幌、京都商＝現・京都学園、柳川商＝現・柳川、中京商＝現・中京

作新学院高校

1973年度 第55回全国高校野球選手権大会
全成績

●2回戦（延長12回）

作新学院	0	0	0	0	0	0	0	0	0	0	0	0	0
銚子商	0	0	0	0	0	0	0	0	0	0	0	1X	1

［投—捕］（作）江川—小倉 （銚）土屋—木川

●1回戦（延長15回）

柳川商	0	0	0	0	0	1	0	0	0	0	0	0	0	0	0	1
作新学院	0	0	0	0	0	0	1	0	0	0	0	0	0	0	1X	2

［投—捕］（柳）松尾—三宅 （作）江川—小倉

★江川卓（作新学院）公式戦登板記録★

年度	季	大会	回戦	戦績	スコア＆対戦相手*2	登板	勝敗	投球回	安打	与四死球	奪三振	失点	自責点	備考*3
1971（1年次）	夏	栃木	2回戦	○	10−0 足尾*	完了	○	5	0	0	7	0	0	
			3回戦	○	5−0 足利工大付	先発	○	8	3	1	6	0	0	
			準々決勝	○	4−0 烏山	完封	○	9	0	0	8	0	0	P①
			代表決定戦	●	3−5 宇都宮商	先発	●	10	9	4	8	4	3	
	秋	栃木	1回戦	○	2−0 足利工	完封	○	9	0	1	9	0	0	N①
			準々決勝	○	6−2 大田原	先発	—	3	0	0	6	0	0	
			準決勝	○	6−2 宇都宮商	完投	○	9	7	7	12	2	2	
			決勝	○	2−0 宇都宮学園*	完封	○	9	3	2	11	0	0	
		関東	1回戦	●	1−2 前橋工（群馬）	先発	—	4	0	1	10	0	0	
1972（2年次）	春	栃木	1回戦	○	5−0 黒羽	完封	○	9	0	3	17	0	0	N②
			準々決勝	○	4−1 高根沢商	完投	○	9	2	2	12	1	0	
			準決勝	○	6−3 宇都宮商	完投	○	9	4	6	7	3	3	
			決勝	○	3−2 足利工	先発	—	1 1/3	2	2	4	1	1	
		関東	2回戦	○	11−0 前橋育英（群馬）	完封	○	7	0	1	15	0	0	N（参）
			準決勝	●	0−1 千葉商（千葉）	完投	●	12 2/3	8	3	15	1	0	
	夏	栃木	2回戦	○	9−0 大田原	完封	○	9	0	1	13	0	0	N③
			3回戦	○	3−0 石橋	完封	○	9	0	0	17	0	0	P②
			準々決勝	○	1−0 栃木工	完封	○	9	0	3	15	0	0	N④
			代表決定戦	●	0−1 小山	完投	●	10 2/3	4	1	15	1	1	
	秋	栃木	1回戦	○	14−0 那須	先発	○	5	0	3	14	0	0	
			準々決勝	○	4−0 足利工	完封	○	9	2	2	15	0	0	
			準決勝	○	9−0 宇都宮学園*	先発	○	6	2	2	6	0	0	
			決勝	○	7−0 烏山	完封	○	9	2	1	10	0	0	
		関東	準々決勝	○	10−0 東農大二（群馬）	先発	○	6	1	1	13	0	0	
			準決勝	○	4−0 銚子商（千葉）	完封	○	9	1	1	20	0	0	
			決勝	○	6−0 横浜（神奈川）	完封	○	9	4	0	16	0	0	
1973（3年次）	春	センバツ*1	1回戦	○	2−0 北陽（大阪）	完封	○	9	4	2	19	0	0	
			2回戦	○	8−0 小倉南（福岡）	先発	○	7	1	3	10	0	0	
			準々決勝	○	3−0 今治西（愛媛）	完封	○	9	1	1	20	0	0	
			準決勝	●	1−2 広島商（広島）	完投	●	8	2	8	11	2	1	
		特別国体	1回戦	●	0−1 岩国（山口）	完投	●	8	5	7	7	1	1	
		関東	準々決勝	○	7−0 高崎（群馬）	先発	○	5	1	1	11	0	0	
			準決勝	○	5−1 銚子商（千葉）	完投	○	9	5	3	9	1	1	
			決勝	○	4−1 横浜（神奈川）	完了	○	4	2	1	5	0	0	
	夏	栃木	2回戦	○	4−0 真岡工	完封	○	9	0	1	21	0	0	N⑤
			3回戦	○	2−0 氏家*	完封	○	9	0	0	15	0	0	N⑥
			準々決勝	○	5−0 鹿沼商工	完封	○	9	1	2	10	0	0	
			準決勝	○	6−0 小山	先発	○	8	1	2	10	0	0	
			決勝	○	2−0 宇都宮東	完封	○	9	0	0	14	0	0	N⑦
		選手権*1	1回戦	○	2−1 柳川商*（福岡）	完投	○	15	7	3	23	1	1	
			2回戦	●	0−1 銚子商（千葉）	完投	●	11 1/3	11	5	9	1	1	
	秋	千葉国体	1回戦	○	1−0 広島商（広島）	完封	○	9	2	3	17	0	0	
			準々決勝	○	5−0 今治西（愛媛）	—	—							
			準決勝	○	5−0 静岡（静岡）	完封	○	9	4	0	11	0	0	
			決勝	●	2−3 銚子商（千葉）	先発	—	2	2	0	2	1	1	

*1　センバツ＝センバツ高校野球大会（春の甲子園）、選手権＝全国高校野球選手権大会（夏の甲子園）
*2　足尾＝現・日光明峰、宇都宮学園＝現・文星芸大付、氏家＝現・さくら清修、柳川商＝現・柳川
*3　備考欄のP＝完全試合、N＝ノーヒットノーラン。丸数字は回数、（参）は参考記録

其の三

1982〜83年 池田（徳島）

山びこ打線〝攻めダルマ〟の真実

池田・蔦文也監督

食えないジイさん

「ワシを日本一にしてくれ」

テレビ取材用とはいえ、なんてことぃうとんのじゃ、わざわざプレッシャーかけて……畠山準（元・横浜など）は、どこまでも食えないジイさんだと思った。

1982年夏の甲子園、広島商（広島）との決勝前日。池田の宿舎・網引旅館で、蔦《つた》文也監督は恒例の決勝前取材に訪れた記者団を前に、選手たちに頼み込んだのである。畠山にはそのあと1人だけ、あらためて監督部屋にお呼びがかかった。

「甲子園のあと、オールジャパンがあるじゃろ。オマエは当然選ばれるからええけど、優勝したらもっといっぱいウチから選ばれるで。なあ、だから優勝しようや」

いい方がニクイよなぁ。それまで春夏とも準優勝が1回で、自分が一番優勝したいくせに……ブン（池田の選手たちはカゲでは、親しみを込めて蔦監督をこう呼ぶ）は乗せ上手だな。畠山はそう思った。

そもそも、池田に誘われたときがそうなのだ。小松島に畠山あり、と騒がれていた坂野中学時代。すでに徳島商、鳴門工、鳴門、鳴門商（現・鳴門一）……と引く手あまたダった畠山だが、その選択肢に池田はない。ただ74年のセンバツ、〝さわやかイレブン〟で準優勝したとき、少年野球チームの仲間と甲子園まで応援に行ったから、名物監督の顔は知っている。その蔦文也が、じきじきに自分の家まで来てくれた。そして、硬式ボールを1ダース置いていって、ポツリ「練習しておけ」。それだけ。池田に来い、とは一言もいわない。でも、純情な野球少年なら、ぐらりとくるじゃないか。なにしろこの年（79年）の夏の、準優勝監督なのだ。

在学中に5回の甲子園も夢じゃない、とまで評判の高かった畠山の入学後、だが、池田の甲子園はなかなか遠かった。80年夏は決勝で鳴門に敗れ、秋も県大会で敗退。81年夏は準々決勝で徳島商に、秋は四国大会まで進むも初戦、明徳（現・明徳義塾［高知］）に敗れた。畠山で5回、のはずが、82年の夏がラストチャンスとなったわけだ。

池田は、徳島県を順当に勝ち上がった。ただ決勝では、一時3対0とリードしながら徳島商に追いつかれ、円陣を組んだときに畠山は蔦に蹴とばされている。それも、テレビ中継に映らないよう、計算され尽くした絶妙な角度で、だ。なんとも老かい、やはり食えないジイさんだ。その試合をなんとかモノにして、最後の最後にやっと手が届いた甲子園だった。

　ここで池田は、甲子園から遠ざかった2年分を取り返すように快調に飛ばす。エースで四番の畠山、三番の江上光治、五番の水野雄仁（元・巨人）らの〝山びこ打線〟は、打ちに打ちまくった。準々決勝では、5季連続出場だった早稲田実（東東京）・荒木大輔（現・東京ヤクルトコーチ）の〝最後の夏〟を粉砕するなど、準決勝までの5試合で32得点、6ホーマーを記録。頂点まであとひとつとしたところで、「ワシを日本一にしてくれ」である。

　徳島県池田町（現・三好市）は、徳島市から西へ約76キロ。香川県の高松市や高知県高知市とも似たような距離にあり、〝四国のヘソ〟といわれる山あいの小さな町だ。野球部は、旧制池田中時代の46年に創部。23年生まれの蔦文也は、徳島商時代の40年の春夏連続を含め、投手として3度甲子園に出場し、在学中に学徒出陣で海軍特攻隊に配属された同志社大時代も優勝に貢献。ノンプロや、プロ野球の東急フライヤーズを経て、51年に池田の社会科教諭となり、52年、野球部監督に就任した。

　ただそもそも、県立のなんてことないチームである。しかも創部間もなく、公式戦

池田黄金時代に投打で活躍した水野雄仁。金属バット時代の到来と重なり、山びこ打線は次々に対戦相手を粉砕していった

は1回勝てば御の字だ。元プロが監督になったところで、おいそれと強くはならない。加えて県内には、蔦の母校である徳島商という強力な壁があり、しかも南四国代表を高知と争っていた時代。蔦率いる池田が、南四国大会で徳島商を破り、初めて甲子園に出場するのは71年夏のことだった。監督就任から、ちょうど20年目。このときは、梨田昌孝（現・北海道日本ハム監督）が四番の浜田（島根）に勝って初戦を突破し、山あいの町が大いに沸いた。そして——池田の町だけではなく、全国が喝采したのが74年のセンバツだった。

緻密《ちみつ》で繊細な〝山びこ〟以前

前年（73年）秋の四国大会で準優勝した池田にとって、センバツ出場は初めてのことだった。それが、開幕試合を含めて接戦を次々と勝ち上がり、甲子園でも準優勝を飾るのだ。ベンチ入りメンバーはわずか11人。9人のレギュラーに、ベースコーチ2人でぴったりの計算だ。一方、決勝で対戦した報徳学園（兵庫）は、出場校中最多の部員数59。ピッチャー陣だけでも、池田と同じ11人いた。だが、山の子たちの一歩も引かないひたむきな試合ぶりが共感を呼び、「ウチが地元なのに、球場全体が池田の味方のよう」（当時の報徳学園・福島敦夫監督）というほど、人気を独占する。

〝さわやかイレブン〟。蔦の、どこか村の顔役ふうの特徴的な風貌や、「酒と野球が好き」といいきる奔放な言動もファンの心をとらえる。この年の夏から金属バットが採用されたから、木のバットによる最後の甲子園だった。のちに、社会人の四国銀行でプレーを続けたイレブンのエース・山本智久はこう語る。

「11人しかいませんでしたが、あのセンバツ、そこそこ自信はあったですよ。前の年の秋は22試合に投げて10完封ですし、いつも練習から実戦的なことをしていましたから。ただ、甲子園に出発するときは、後援会長と校長くらいしか見送りがいなかったのに、帰ったらそりゃもう大変だった」

故郷のヒーローたちに、山あいの町は盆と正月が一緒にきたような騒ぎだ。11人は山本、ファーストと投手の控え・石川武吉をはじめ、大半が池田中か、近隣の出身者。○○さんちの××君というご近所ばかりで、その顔見知りが難敵強豪を相手に堂々の準優勝なのである。町が沸き立つのもわかる。ただ……山本たちは、なにがなんでも甲子園、と池田に進んだわけじゃなかった。自分が通える普通科の高校がたまたま池田であり、山本の場合なら「中学時代の最後の試合、体調が悪くて満足に試合に出られなかった悔しさで」高校でも野球を続けた。

蔦も、ときどき池田中の練習に顔を出していた。高校の練習が試験休みになると、手持ちぶさたで中学のグラウンドに足を運び、飲み友だちである中学の監督とそのまま夜の街に消える算段だ。だから池田に入る前から、顔はよく知っていた。だけれど野球部では、練習のきつさに驚いた。小石だらけの川原でノックに飛びつき、捕れないのが当たり前のイレギュラーバウンドなのに罵声を浴びる。冬場には、帽子のひさしに雪が凍りついていても打撃練習をやめない。全員でグラウンドを走るとき、スパイクの音がきちっとそろうまでは何十周走っても終わらない。山本はいう。

「僕らが入ったころは、ブンも50歳前のバリバリです。練習が厳しいから、新入部員は毎年10人以上いても、次々に辞めていって残るのは4、5人。人数が減れば、さらに1人アタマの練習密度が濃くなるしね。そもそも11人しかいないのに、3カ所バッティングをやるんですよ。バッテリーとバッターで9人ですから、2人しか残らない。

時には、ブンもバッティングピッチャーをやりました。どれだけ効率的できつかったか（笑）。実はセンバツ出場が決まってからも、1人辞めているんです。それでも2学年で11人なら、多いほうじゃなかったかな」

つまり〝さわやかイレブン〟は、直前までは12人で、ひょっとしたら〝二十四の瞳〟だったかもしれないわけだ。当時の報道を見ると、大事な選手にケガでもされたら大変、とプロテクターをつけてノックを受けた、とあるが、山本の記憶によるとそんな高級なものじゃない。至近距離からの個人ノックで、防具着用は単に恐怖感を取り除くだけの策だった。その蔦のノック、いまも伝説になっているほどのうまさである。捕れるかどうか憎らしいほどギリギリに、計ったように打つ。名手すら苦手とするキャッチャーフライだって、思いのままに打ち分けた。外野を犬が歩いていたら、ライナーでぶつけたという証言もある。

並の人じゃなかった。ビールは1ケースくらい平気で空けるし、赤い顔をして練習に来ることも珍しくなかった。高知に練習試合に行くと、終わったあと、「わしゃ飲んで帰るけん、先に帰っとれ」と選手だけを鉄道に乗せた。ピッチャー出身ながら、技術指導はなし。「とにかく球数を放れ。疲れたときにこそ理想的なフォームになるから、それを体で覚えろ」。豪快である、大まかである。半面、このときのセンバツ初戦（対函館有斗［北海道］）ではホームスチールを決めているように、不思議なほど野球は緻密だった。当時から打撃練習が大好きだったが、バント練習も重視した。

「バットを振らず、当てるだけのバントができなければ、バットを振っても当たるわけがない、と。また、練習試合でサインを間違うと、いったん試合を止めて、噛んで含めるように話す。甲子園のホームスチールも、練習試合で何度か経験があるから、おそらくみんな〝やるな〟と思った作戦でしょう。あとは打順によってサインの意味が違ったりね。スクイズも、大好きだった。ずっと徳島で勝てなかったから、いろいろと細かいことを考えていたんだと思いますね」（山本）

3点を取ればなんとかなった木製バットの時代。山びこ打線は、高校球史に残る池田の代名詞だが、それ以前は豪快さとは遠く、むしろ繊細。バントに足を絡め、アウトと交換に塁をひとつずつ進めていく泥臭い野球だったのだ。

山本が、くっきりと覚えていることがある。少人数のため、グラウンド整備を短時間で済ませようと、自転車の後ろにトンボをくくりつけてならしていると「こらぁ！神聖なグラウンドを、なんだと思ってるんじゃ」とカミナリが落ちた。だが翌日から、当の本人が自転車でトンボをかけている。まるで、鼻歌でも出そうな表情で。それは長く、蔦のユーモラスな風景となっていた。

「よくも悪くも、〝親分〟（蔦）のチームだったですね」

山びこ打線、列島を席巻《せっけん》

そのイレブンから8年後の夏。打ちまくる山びこ打線の真骨頂が、準々決勝の早稲田実戦だ。1年夏に甲子園にデビューして準優勝。足かけ3年、女性ファンを騒がせたアイドル・荒木との対戦である。池田は1回裏、2年生だった江上が荒木から2ラン。6回にはやはり2年生の水野が荒木から2ランを打ち、8回には水野が今度は満塁ホームラン。途中救援した石井丈裕（元・西武など）、再登板した荒木から計20安打、14得点を奪い、山びこは鳴りやまなかった。水野は明かす。

「オレらは1回勝って満足だったけど、下級生でしょう。帰るとすぐに新チームの練習だから、できるだけ長く甲子園にいたいわけです。それが早実に勝っちゃって。荒木さんの最後の夏だというのに、悪者みたいでしたね」

ここで、ひとつの疑問がある。緻密で泥臭かった〝イレブン〟の野球が、なぜ〝山びこ打線〟に変身するのか。金属バットが導入されたというタイミングはあるにしても、だ。

ひとつのきっかけが79年の夏、決勝で箕島（和歌山）に3対4で惜敗したことだという。1点リードの8回、スクイズなどで逆転されての準優勝。細かい野球では伝統校にかなわない、打ち勝たないと全国制覇はできない――この図式は、徳島商になかなか勝てなかった県内での悪戦苦闘にも通じるのだが――甲子園から戻ると蔦は、後援会に要請して、トレーニングマシンを1台購入する。打力にはまずパワー、という考えだ。

折りよく81年には、元レスリング選手で卓越したトレーニング理論を持つ高橋由彦が池田に赴任し、プログラムを提供した。たとえば、瞬発力の強化としては腕立て伏せからダッシュ、腹筋からダッシュ、ジャンプ運動からダッシュ……といったメニュ

☆1982年度 第64回 全国高校野球選手権大会☆

[熱戦の軌跡]

※都道府県名のあとの丸数字は出場回数

熊本工（熊本⑧）
東北（宮城⑫）
福井（福井②）
盛岡工（岩手②）
高岡商（富山⑨）
宇部商（山口③）
法政二（神奈川⑧）
智弁学園（奈良④）
春日丘（大阪㊗）
丸子実※（長野④）
県岐阜商（岐阜⑭）
東洋大姫路（兵庫⑥）
早稲田実（東東京㉖）
宇治（京都②）
星稜（石川⑥）
安積商※（福島②）
高知商（高知⑬）
境（鳥取③）
東海大甲府（山梨②）
函館有斗※（南北海道③）
坂出商（香川④）
新潟工（新潟㊗）
都城（宮崎④）
八幡大付※（福岡②）
日大二（西東京④）
静岡（静岡⑱）
池田（徳島③）

中京※（愛知⑳）
関西（岡山②）
佐世保工（長崎③）
東海大山形（山形㊗）
益田（島根㊗）
帯広農（北北海道㊗）
津久見（大分⑩）
東海大浦安（千葉㊗）
佐賀商（佐賀⑦）
木造（青森㊗）
川之江（愛媛㊗）
東農大二（群馬㊗）
比叡山（滋賀③）
足利工（栃木④）
秋田経大付※（秋田②）
鹿児島商工※（鹿児島③）
興南（沖縄⑤）
明野（三重②）
熊谷（埼玉③）
南部（和歌山②）
鉾田一（茨城②）
広島商（広島⑰）

熊本工 2－0 東北
福井 4－2 盛岡工
熊本工 3－1 福井
高岡商 3－1 宇部商
熊本工 5－0 高岡商
法政二 3－2 智弁学園
春日丘 3－2 丸子実
法政二 6－2 春日丘
県岐阜商 0－4 東洋大姫路
法政二 2－4 東洋大姫路
熊本工 3－7 東洋大姫路
早稲田実 12－0 宇治
早稲田実 10－1 星稜
安積商 3－5 高知商
境 3－9 東海大甲府
高知商 3－4 東海大甲府
早稲田実 6－3 東海大甲府
函館有斗 3－6 坂出商
新潟工 3－4 都城
坂出商 0－5 都城
八幡大付 6－9 日大二
静岡 2－5 池田
日大二 3－4 池田
都城 3－5 池田
早稲田実 2－14 池田
東洋大姫路 3－4 池田

中京 2－1 関西
佐世保工 6－1 東海大山形
中京 2－0 佐世保工
益田 5－2 帯広農
中京 5－0 益田
津久見 10－0 東海大浦安
佐賀商 7－0 木造
川之江 2－7 東農大二
佐賀商 5－1 東農大二
津久見 3－2 佐賀商
中京 5－1 津久見
比叡山 3－0 足利工
秋田経大付 2－5 鹿児島商工
比叡山 8－6 鹿児島商工
興南 3－2 明野
熊谷 1－0 南部
興南 2－1 熊谷
鉾田一 2－6 広島商
興南 2－4 広島商
比叡山 2－5 広島商
中京 0－1 広島商

優勝 池田（初優勝）
池田 12－2 広島商

※丸子実＝現・丸子修学館、安積商＝現・帝京安積、函館有斗＝現・函館大有斗、八幡大付＝現・九州国際大付、中京＝現・中京大中京、秋田経大付＝現・明桜、鹿児島商工＝現・樟南

ーを組み合わせ、1カ月単位で数値をデータ化する。とはいえ、驚くほど測定の数値が伸びるわけではないから、選手たちは筋力トレーニングの効果に疑心暗鬼だった。それよりも、同じ時間をかけるなら、技術練習をしたほうがいいのでは……。だが82年の春になると、打球の飛距離、スピードどちらも、歴然の伸びだった。筋力強化は故障の激減ももたらしたから、だれもが納得する。

そこへもってきて池田は、というより蔦は、「キャッチボールをやらない。あんな野球部、初めて」（江上）というほど、打撃練習が好きだ。フリーバッティング、マシンによる1カ所バッティング、レギュラーバッティング……。白球を捕らえる金属音が、レフトからセンター後方を流れる吉野川、その向こうの讃岐山脈に気持ちよく反響する。そしてレギュラーバッティングともなると、毎日打撃投手を務めるのが畠山と水野だ。畠山がいう。

「僕らが投げるのはブルペンより、つねに実戦形式。多ければ、1日300球くらい投げましたよ。すると、どうしても手を抜きたくなるじゃないですか。だけどブンは、ネット裏でスピードガンの数字をチェックしているんです。おかしいな、と思ったら

池田高校

1982年度 第64回全国高校野球選手権大会
全成績

●決勝

池田	6	0	0	0	1	5	0	0	0	12
広島商	0	0	1	0	0	1	0	0	0	2

[本塁打](池)畠山

【池田】		打数	得点	安打	打点
(二)	窪	5	1	1	0
(中)	多田	4	2	2	2
(右)	江上	4	2	3	0
(投)	畠山	5	2	2	0
(左)	水野	5	1	1	0
(一)	宮本	4	1	1	1
(捕)	山下	5	1	3	2
(三)	木下	5	1	3	1
(遊)	山口	4	1	2	1
計		41	12	18	9

[残塁]6 [犠打]0 [併殺]0 [失策]2

【広島商】		打数	得点	安打	打点
(遊)	豊田	4	0	0	1
(右)	林	4	1	1	0
(三)	正路	2	0	0	0
走	佐々木啓	0	0	0	0
(一)	久山	4	0	1	0
(捕)	佐々木圭	4	0	1	1
(左)	甲村	3	0	0	0
打	津島	1	0	0	0
(二)	小田	3	1	1	0
(中)	相島	2	0	0	0
(投)	池本	2	0	0	0
投	工	0	0	0	0
打	谷川	1	0	0	0
投	田中	0	0	0	0
計		30	2	4	2

[残塁]4 [犠打]0 [併殺]2 [失策]4

投手		回数	打者	被安打	奪三振	与四死球	自責点
(池)	畠山	9	33	4	5	3	1

投手		回数	打者	被安打	奪三振	与四死球	自責点
(広)	池本	5 2/3	31	14	3	3	9
	工	2 1/3	10	3	0	1	0
	田中	1	4	1	1	0	0

●準決勝

池田	0	2	0	0	0	2	0	0	0	4
東洋大姫路	2	0	0	0	0	0	0	1	0	3

[投ー捕](池)畠山ー山下 (東)中島ー豊田
[本塁打](池)木下

●準々決勝

早稲田実	0	0	0	0	0	2	0	0	0	2
池田	2	3	0	0	0	2	0	7	X	14

[投ー捕](早)荒木、石井、荒木ー松本
(池)畠山、水野、畠山ー山下
[本塁打](池)江上、水野2

●3回戦

池田	0	1	1	2	0	0	1	0	0	5
都城	1	0	0	0	0	0	2	0	0	3

[投ー捕](池)畠山ー山下 (都)中島ー宮里
[本塁打](池)山口

●2回戦

池田	0	1	1	0	0	1	1	0	0	4
日大二	0	0	0	0	3	0	0	0	0	3

[投ー捕](池)畠山ー山下 (日)野口、田辺ー栗原
[本塁打](池)山口

●1回戦

池田	0	0	0	2	3	0	0	0	0	5
静岡	0	0	1	0	0	0	0	0	1	2

[投ー捕](池)畠山ー山下 (静)大久保ー宮城

計測係に『いま何キロ?』と訊く。係もごまかしたいんですが、バレたらえらいことですから、正直に『115キロですっ』と。僕や水野が、ちょっと手を抜いて110キロとか115キロのストレートを投げたらすぐさま『ちょっと来い!』(笑)」

全国でもトップ級の投手の、それも実戦に近い140キロ級のタマを日常的に打つのである。いざ試合になったとき、相手のエースが130キロだったら、これはもう打ちごろだろう。そうして池田は、早稲田実を破ると準決勝で東洋大姫路(兵庫)を下し、夏の決勝としては戦後最多タイ(当時)となる12点を奪って広島商に大勝。初の全国制覇を遂げることになる。広島商といえば、蔦が脱却しようとした〝細かい野球〟の権化のようなチームだ。そのチームに、夏の決勝としては最大の得点差10(当時)をつけての優勝。これぞ〝攻めダルマ〟の快哉《かいさい》、か。

移り変わる主役たち

畠山らの世代が抜け、水野と江上らが残った新チームは、守備に不安があった。夏の甲子園で優勝するというのは、次世代の始動の遅れも意味するのだ。

仕上がり途上で迎えた秋の県大会、鳴門戦。前チームのレギュラーが多く残る鳴門が有利といわれ、もしここで敗れれば、事実上、翌83年のセンバツ出場は消える。実際に初回池田はエラーが重なり、いきなり無死満塁のピンチを迎えた。だが、「夏の前の練習試合でも、畠山さんより全然成績がよかった。エースはオレやろ、と思った」水野は、モノが違った。そこから3者三振を奪うのだ。小松島西との県大会決勝では、エラーがなんと6個もありながら、ノーヒットノーランを達成。池田は四国大会も制して、翌年のセンバツ出場を確定した。

その、センバツ本番。水野の自信は絶対のものになっていた。

「一戦一戦とか口ではいっていたけど、間違いなく優勝するつもりでした。タマの走りとかも絶好調で、相手がどこでも関係なかったですね。1回戦は強敵の帝京（東東京）だったけど、それよりも試合の時間帯が大事だった。早起きしなくちゃいけない第1試合は、避けたかったんです。そうしたら、帝京は確かに強敵だけど、あのゾーンは決勝までずっと第2、第3試合といういいクジ（笑）」

池田が西の横綱なら、ウチだって東の横綱……と、ひそかに腕まくりしてきた帝京・前田三夫監督。だが、山びこ打線の猛威と〝阿波《あわ》の金太郎〟水野の迫力に、帝京は粉々にされた。0対11、6安打8三振の完封負け。前田は「試合が始まったとたん、負けたと思った。蔦さんにはかなわない」と敗戦を覚悟したという。

勢いづく山びこ打線は、続く岐阜第一（岐阜）戦も10得点、水野は自責点0を続け、準々決勝の大社（島根）戦では、7回二死までパーフェクトの2安打完封。

危なかったのは、明徳との準決勝だ。

水野は、自分の投球には自信があったが、山びこ打線には危惧もだいていた。みんな力がついたため、力任せの打ち方になっている。打つタイミングがいつも同じだから、得意な相手なら打ちまくるけど、苦手なタイプがきたときに、そろって応用が利かない――そのとおり、明徳戦では打線が沈黙。ロースコアになり、走者が出るとあの手この手で攻めるが、8回まで1点のビハインドである。危うし。新チーム結成から主将を務めた江上がいう。

「ブンは、なにか仕掛けては失敗するんですよ。ノーアウトの走者をバントで送ろうとして失敗、なにもできないから打たせたら点が入ったり、結果オーライなんです。

明徳のときも、ふつう、ブンは円陣には加わらないんだけど、8回の攻撃前に『もう好きにやれ。サイン出せへんからな』と。それで走者を置いて三塁打で同点になり、ヒットで逆転です。ヒットのところは、本当はスクイズのサインを出したかったんだろうけど、初球を打ってしまったからサインを出すヒマがなかった（笑）」

ハタから見れば「打て、打て」で痛快に点を取ったようだが、名物監督の場合こういうエピソードも人間味のひとつになる。似たような逸話をひとつつけ加えれば——86年のセンバツ、池田が3度目の全国制覇を果たしたときの捕手で、現在穴吹（徳島）を率いる井上力の話。

「池田の野球はマンガでしたね。たとえば僕らのセンバツの1回戦は、福岡大大濠（福岡）。7回、2点負けていて一、三塁の場面では、白川（道夫）部長が『ここはスクイズよ』というのに、『いやぁ、打たすんじゃ』と蔦先生と押し問答になり、僕らは〝おいおい、試合中になにをいい合いしとんじゃ〟と思って見ていた。結局スクイズのサインを出すんですが、それが失敗してゲッツーになると、『ほれ、見てみい！』と腹立ちまぎれに帽子を後ろに放り投げたんです。その帽子を、ダグアウトの奥まで取りにいっているとき、次の打者だった森（桂一郎）が初球を同点ツーランホームラン。だから先生は、そのシーンを見ていないんです（笑）」

結局、83年のセンバツでは、「旗（センバツの準優勝旗）はもうあるから、どっちでもいいわ。でも、ええほうの旗がほしいのぅ」といい含められた横浜商（神奈川）との決勝を含め、水野は終わってみれば5試合で3完封、通算45イニングで自責点は0。ぶっちぎりの優勝を飾ることになる。夏春の連覇は22年ぶり、史上4校目のことだった。

そして、その夏の池田。夏春夏の3連覇という、空前にして絶後の大記録がかかっており、ベスト4まで順調に進出した。しかも準々決勝では、野中徹博（元・阪急ほか）がエースの強敵・中京（現・中京大中京［愛知］）を3対1で振り切っており、偉業がいよいよ現実味を帯びてきた。なにしろ池田は前年の夏から、甲子園で15連勝と敵なしなのだ。

準決勝の相手は――ＰＬ学園（大阪）。準々決勝で高知商（高知）に10対9と辛勝しているが、池田はその高知商にセンバツ後3連勝。エースと四番が1年生か、大したことないな、明日は勝てるな……ＰＬの試合を見ながら、水野はそう感じたという。

だが、しかし。フタを開けると、水野がＰＬ打線に痛打を浴び、〝応用が利かない〟山びこ打線は、ＰＬの1年坊主・桑田真澄（元・巨人など）に手玉に取られる。終わってみれば、思いもよらない0対7。3連覇の野望は断たれた。

高校野球ファンの間でよく話題になるのが、この夏、水野が広島商戦で受けた頭部への死球の影響だ。その試合、水野は死球後のピッチングのことは記憶にないというのだから、あれがなければ、3連覇はかなり高い確率で成し遂げられたのではないか。

——だが、水野はいう。

「それはわかりません。ＰＬ戦に向けて、準備ができていなかったのかもしれない。実際、死球から中1日の中京戦では1失点の投球ができたわけだし、ＰＬ戦でも、マークしていた清原（和博、元・西武など）は4打席4三振に抑えているんですから……」。

それにしても……80年代の高校野球は、絢爛《けんらん》な戦国絵巻のようだ。1年の夏に準優勝という鮮烈デビューを飾った5季連続出場の荒木を、82年夏に打ち砕いたのが池田。

83年夏には、池田の3連覇の野望を、今度は桑田・清原を中心としたPL学園が打ち砕き、KKが5季連続出場を果たすのだ。KK時代ののち、86年には池田がセンバツを再び制覇し、87年にはPLが春夏連覇……甲子園はそうして、大河ドラマのように主役を紡いでいく。

高校野球中継でプロ野球OBの解説が解禁になったのちに水野は、高校野球で人気の出るチームの条件なるものを、高野連の関係者から聞いたという。「田舎で、県立で、名物監督がいて、人数が少なくて、しかも強い。これが5つの条件。池田は、その全部を満たしていたんですよね」。

蔦は91年限りで監督を勇退し、01年4月28日、77歳で世を去った。同30日の告別式では、駆けつけたイレブンのメンバーたちが棺をかついだ。

其の四

1983〜85年 PL学園（大阪）

最強KKコンビの活躍

優勝を決め、歓喜のPLナイン（1985年夏）

桑田真澄の大抜擢でＫＫコンビ誕生

「むかつくことに（笑）……どの雑誌も、この写真でしたよね。僕、いないんですよ。一塁を回り、二塁方向からホームに戻ってきたから、この写真には間に合っていない。ヒーローはオレなのに……（笑）」

手もとに1冊の古い雑誌がある。1985年夏の、甲子園決勝。83年の夏から始まったＫＫ時代を締めくくったのは、ＰＬ学園のキャプテン・松山秀明（現・オリックスコーチ）のサヨナラヒットだった。宇部商（山口）と同点の9回裏二死一塁。サヨナラには長打が必要だったが、一塁走者の安本政宏が二盗を成功してくれ、気が楽になった。手のすべりを抑えようとロジンをさわりに行くと、ウエーティングサークルの清原和博（元・西武など）が声をかけてくる。

「決めてくれや」「おう」。笑みで返して打席に戻る。単打でいいんだ……ボールカウント3ボール2ストライク。叩いた。外角低めの真っすぐ。打球は右中間に落ちた。二塁から安本が、優勝のホームを踏む。バットを右手で掲げる次打者の清原を中心に、歓喜の輪ができた。後日発行された、甲子園を特集する野球雑誌の表紙は、すべてこの写真。高校野球好きならすぐに思い浮かべる絵柄だが、なかに松山の姿はない。殊勲打を放ったのはだれか、多くの人は案外覚えていないのじゃないか。

この夏のＰＬの優勝は、史上最強のコンビ・桑田真澄（元・巨人など）と清原の集大成にふさわしい華やかさだった。初戦、東海大山形との対戦は、1試合最多得点（チーム・両チーム計とも）の記録となる29対7という、史上唯一の毎回得点。準々決勝では、高知商（高知）の中山裕章（元・大洋など）から清原が特大弾を放ち、決勝はサヨナラ勝ち。清原は、準々決勝以降の3試合で5本のホームラン（大会記録）を打つという、大爆発を見せつけた。

それにしても——76年からコーチを務めていた中村順司（現・名古屋商科大監督）が80年の秋から監督となると、80年代のＰＬ学園の強さはもう、劇画のようだった。81、82年と、戦後初めてセンバツを連覇。桑田・清原のＫＫ時代の3年間（83〜85年）には夏の優勝が2度。立浪和義（元・中日）世代の春夏連覇（87年）を含み、甲子園の出場が10度あって、そのうち優勝が春夏ともに3度、準優勝もそれぞれ1度ずつ。10年間で通算44勝に対し、喫した4つの黒星のうち決勝が2つ、準決勝が1つだからとてつもない。「自分たちの年代で、春夏の甲子園を10勝する計算」という松山の言葉もまんざら大風呂敷ではなく（実際85年のＰＬは、春夏で8勝、87年は11勝）、80年代はまさにＰＬ王朝の時代だった。

ただ80年代初頭は、なかなか夏の大阪を勝ち抜けなかった。当時の大阪は浪商、北陽など群雄割拠の大激戦区で、ＰＬといえども80年はベスト8、センバツを制した81年はベスト16、センバツ連覇の82年も準々決勝で府立の春日丘に敗れている。83年にはセンバツ出場も逃し、夏が近づいてもなかなかチーム力は上がらない。就任以来、つねに3年生を中心にチームづくりをしてきた中村だが、6月に至ってついに業《ごう》を煮やした。２人の1年生を、積極的に起用したのである。それが桑田と清原だった。

すると、大会前はさほど評価の高くなかったＰＬが、大阪府大会をすいすいと勝ち上がっていく。なかでも、初めて先発させた桑田が、4回戦で吹田を2安打完封したのが大きかった。「実はね」と、かつて桑田が明かしてくれたことを思い出す。

「それまで何度か登板機会はありましたが、めった打ちされてばかり。1年の夏はなんとかベンチ入りはしても、守備・代打要員だったと思います。体の小さい僕は、ピ

甲子園通算20勝を誇る桑田真澄。1年次の大抜擢がなければその記録はおろか、“KKコンビ”さえ生まれなかったかもしれない。高校球史は大きく変わっていたはずだ

ッチャーとしては失格でしたから。それが、負けてもともとくらいのつもりで、僕を先発させたんじゃないですか。なにしろ試合前は、背番号17でお弁当を配ったりしていたんですから。もしあの試合で負けていたら、いや、勝つにしても完封じゃなかったら、僕はピッチャー失格のままだったと思う」

チャンスをモノにした1年生投手・桑田を軸に、PLは中村の監督就任以来、初めて夏の大阪を勝ち抜いた。もし、である。もしここで桑田がいうとおり完封じゃなかったら、ピッチャー失格はともかく、この年、甲子園のマウンドに上がることはおそらくなかっただろう。ということは、KKというコンビの誕生もなかったかもしれない。1年から2人そろってこそのKKだったのだから。つまり、吹田戦で桑田を先発させた中村の決断が、甲子園にKKを登場させ、高校野球を大きく動かしたことになる。

上級生もいるのに、なぜ桑田だったんですか？　1度、中村に訊いてみたことがある。

「それはね……球場が、大阪球場だったんです」

当時のプロ野球・南海ホークスの本拠地だ。高校生は、そこがプロが使う球場だというだけで萎縮することがある。このマウンドで、誰々さんが投げたのか……と思うだけで、心理的に平衡を欠いて、もういけない。その点桑田は、中学のボーイズリーグ時代、大阪球場で登板した経験があるという。免疫があるわけだ。

中村は続けた。

「それもありますが、桑田は、中学時代から評判は高かったんですよ。PLで野球をやる、という気持ちも強く、中学の先生がそれを認めずほかの高校を強く勧めたら、転校したくらいの一途な強さがあった。実際入学してきて、そのボールを見たらすごかったんです。80メートルほどの遠投をさせると、地面と平行に、一直線のすばらしいボールがいく。あんな子は、初めて見ました。これがバッテリー間だったら、どのくらいすごいか……ですから、いつ登板させようかタイミングを計っていました」

そもそも中村は、技術屋を自任する。素人に毛の生えたような筆者を前にしても「いいですか、人間は両足のかかととつま先、4点で体を支えている。その土台に、腰と頭がある。東京タワーは、人体を参考に造られたんです。4点で支える中層の展望台が腰、上層は頭……」などと饒舌《じょうぜつ》に語り始めるほどだ。そういう思考回路が、合理性のない戦略をとることは考えにくい。つまり吹田戦は、確信の桑田先発だったわけだ。

ＰＬ学園というところ

その夏のＰＬは、池田（徳島）を準決勝で倒して優勝するのだが、初戦で所沢商（埼玉）に勝ったのが大きい（6対2）。試合中、正捕手の森上弘之がファウルチップで骨折し、控えの小島一晃に交代。ただなにしろ、実戦経験が乏しい。配球はショートの朝山憲重がサインを出し、それを受けた小島がマウンドの桑田に伝えてしのいだ。さらに四番の清原ときたら、神経性の下痢で、まったく本来の打撃ができない。ＰＬの輝かしいディケイド（80年代）のうち、とりわけ輝いているＫＫ時代だが、離陸は危なっかしかったわけだ。

中津工（大分）、東海大工（静岡）と勝ち進むと、準々決勝は高知商。3回戦でようやく初安打の出た清原が、津野浩（元・日本ハムなど）から長打3本を放つなど、一

☆1985年度 第67回 全国高校野球選手権大会☆

[熱戦の軌跡]

※都道府県名のあとの丸数字は出場回数

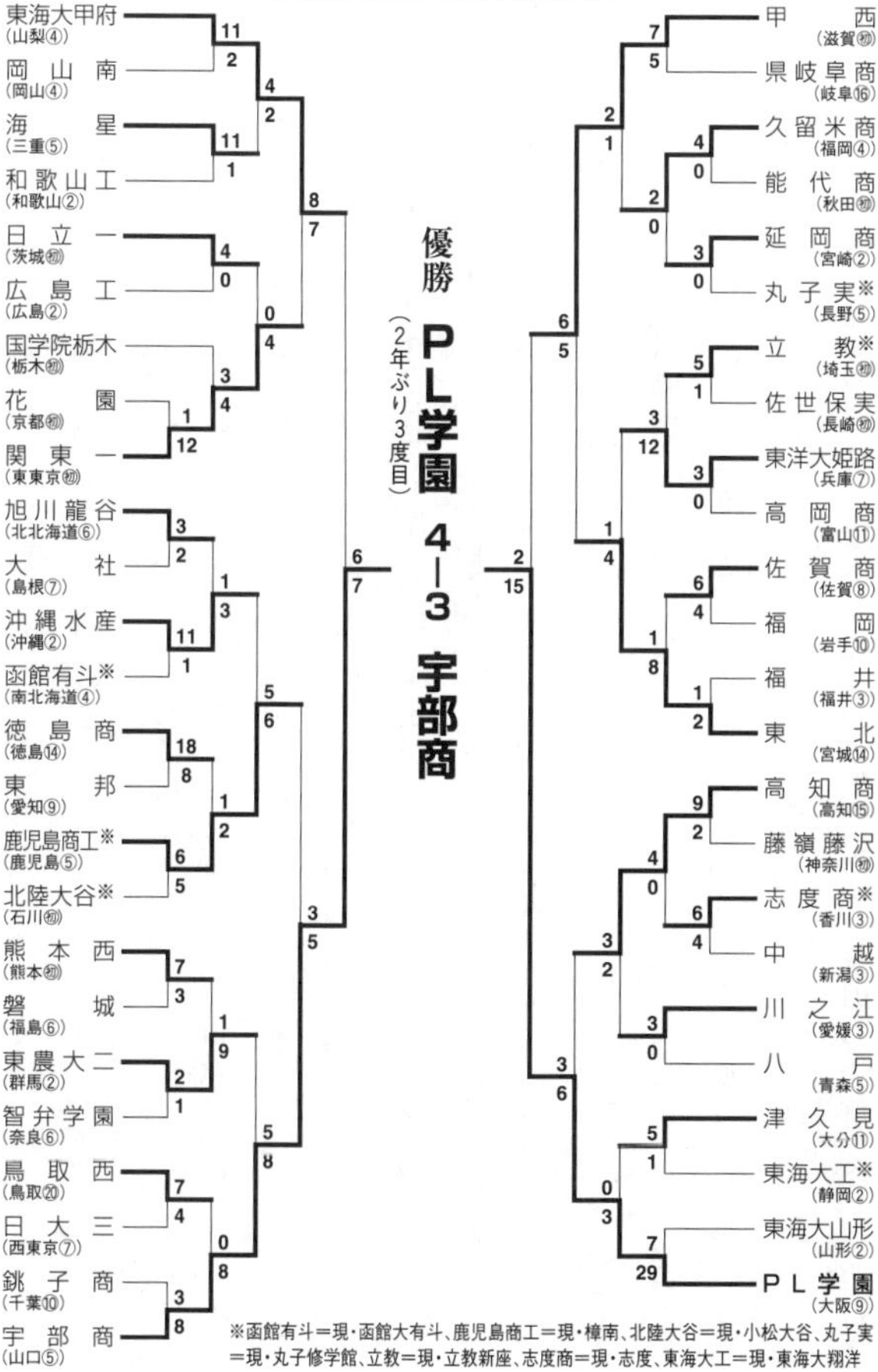

※函館有斗＝現・函館大有斗、鹿児島商工＝現・樟南、北陸大谷＝現・小松大谷、丸子実＝現・丸子修学館、立教＝現・立教新座、志度商＝現・志度、東海大工＝現・東海大翔洋

時は8点をリードしたが、終わってみれば10対9と、ここも薄氷の勝利。そして準決勝が——高校球史にゴシックで記される池田との一戦だった。

この年の池田は、前年の夏に続いてセンバツも制し、史上初めての夏春夏の3連覇がかかっていた。水野雄仁（元・巨人）は、センバツ5試合を自責点0で投げきって優勝しているし、持ち前の山びこ打線の猛威は相変わらず。事実上の決勝といわれた準々決勝では、野中徹博（元・阪急など）を擁する中京（現・中京大中京［愛知］）を3対1で下し、PLが苦しんだ高知商にも、春の四国大会を含め、センバツV後に3連勝。かたやPLは、中村のいう「青息吐息」でようやくここまできた。戦前の予想では池田が断然有利、いわば大本命対穴馬で、周囲は「頂点まであと2勝」とワクワクしながら池田の偉業達成を視野に入れていた。

技術屋たる中村の指示は簡潔だった。水野のストレートを右へ打とうとしてもファウルになるのがオチだ、カウントを稼がれるより、思い切って引っ張れ！　これを忠実に実践したのが2回、桑田の、そして九番・住田弘行のレフトへの連続ホームラン。桑田は、投げても山びこ打線を5安打に抑え、池田の楽勝が大方の予想だった試合が、

PL学園高校

1985年度 第67回全国高校野球選手権大会
全成績

●決勝

宇部商	0	1	0	0	0	2	0	0	0	3
PL学園	0	0	0	1	1	1	0	0	1X	4

[本塁打](PL)清原2

【宇部商】		打数	得点	安打	打点
(一)	佐藤	4	0	3	0
(右)	河村	3	1	1	0
(捕)	田処	4	0	0	0
(中)	藤井	3	2	1	1
(左)	田上	3	0	0	1
(三)	福島	3	0	0	1
(遊)	桂	4	0	0	0
(投)	古谷	4	0	1	0
(二)	岡村	1	0	0	0
計		29	3	6	3

[残塁]5 [犠打]3 [併殺]2 [失策]0

【PL学園】		打数	得点	安打	打点
(中)	内匠	4	0	1	1
(遊)	安本	4	1	2	0
(二)	松山	3	0	1	1
(一)	清原	4	2	3	2
(右)	黒木	3	0	1	0
(投)	桑田	2	0	0	0
(捕)	杉本	4	0	0	0
(左)	本間	1	0	0	0
打左	今岡	3	1	2	0
(三)	笹岡	3	0	1	0
計		31	4	11	4

[残塁]9 [犠打]4 [併殺]2 [失策]1

投手		回数	打者	被安打	奪三振	与四死球	自責点
(宇)	古谷	8⅔	39	11	3	4	4

投手		回数	打者	被安打	奪三振	与四死球	自責点
(PL)	桑田	9	35	6	7	3	3

●準決勝

甲西	0	0	0	0	0	2	0	0	0	2
PL学園	2	2	3	4	2	0	2	0	X	15

[投―捕](甲)金岡―奥村
(PL)桑田、田口―杉本、今久留主
[本塁打](甲)西岡 (PL)松山、内匠、清原2

●準々決勝

高知商	0	2	0	0	0	0	1	0	0	3
PL学園	0	0	4	0	2	0	0	0	X	6

[投―捕](高)中山裕―岡村 (PL)桑田―杉本
[本塁打](高)川村 (PL)清原、桑田

●3回戦

津久見	0	0	0	0	0	0	0	0	0	0
PL学園	0	0	0	2	0	1	0	0	X	3

[投―捕](津)野村―吉田 (PL)桑田―杉本

●2回戦

東海大山形	0	0	1	0	0	0	0	1	5	7
PL学園	2	5	4	3	6	2	5	2	X	29

[投―捕](東)藤原、安達―武田
(PL)桑田、井元、小林、清原―杉本
[本塁打](PL)安本、内匠

結局7対0という思ってもみない大差がついた。横浜商（神奈川）との決勝は、三浦将明（元・中日）から清原が甲子園初アーチをかけるなどで快勝。中村の監督就任以来、PLは甲子園で負けなしの16連勝で、出場した3回とも優勝という強さにはあきれるほかはない。

さて、ふたたび松山。1年次から活躍する桑田や清原をアルプスから見て内心、〝アイツらばかり目立って、おもろないな〟と思っていた。和歌山・九度山中学からPL学園という松山の進路は、尾花高夫（現・横浜監督）と同じルートだ。中学時代はエースで完封、打てばホームランの大黒柱で、全国大会にも出場している。九度山中の1学年下には、のちに〝ミスター社会人〟と呼ばれる杉浦正則（日本生命）がいて、「松山さんのような人が甲子園で活躍し、プロになるんだろう」と、当時からまぶしい思いで見つめていた。それだけ、腕には覚えがあった。だが、和歌山ではそんな飛び抜けた存在でも、清原がいて桑田がいるPLに入ってみれば、人並みだ。

「キヨなんかはピッチャーとしても145キロは出ていたし、ほかのヤツもすごかった。ピッチャーとしては〝これは勝てん〟という感じで、すぐに野手に専念しました。

ただ野手としても、バッティングはなんぼやってもキヨには勝てません。PLの選手というのは、中学まではお山の大将が多いんですが、それがいざ高校になると、力の違いを思い知らされる。それでもね……競争意識は露骨で、アイツらだけ甲子園で活躍して、おもろないとみんな思っていたはずです。じゃあどうやってアピールし、競争を勝ち抜くか。そこを突き詰めて考え、自分のスタイルを磨くようになります。僕らにはそれが生き残りの道でした」

たとえば、バントを売り物にするならば、打席での立ち位置まで考える。後方、つまりキャッチャー寄りに立てば、もしキャッチャーがバントを処理する場合、ボールを追う距離が少しでも長くなるし、打者走者と重なって打球処理をもたつくケースもあり得る。松山らの3学年下になる宮本慎也（現・東京ヤクルト）ならば、守備が売り物だった。体のどこかを動かしておいたほうが打球への1歩目が切りやすい、という運動生理を中村からたたき込まれると、小刻みにステップしてみたり、指先を動かしてみたり、自分にしっくりくる方法を模索し続けた。PLの選手は練習中から、各自がそういう工夫をして、自分のスタイルを確立していく。軟式野球出身の松山も、当初こそ、ほとんどの部分で硬式野球で実績のある同級生に遅れていたが、2年のセンバツではベンチ入りメンバーに名を連ねるまでになった。

なにも、特別な練習をするわけじゃない。時間だって、長くはない。合理主義者らしい桑田の直訴で、強豪なら丸1日行うのがふつうの休日練習は、3時間程度だった。そして当時のPLは、1学年20人程度である。だから1年生でも、球拾いに明け暮れるのではなく、バッティングやノックに参加できたし、寮に戻ってからは先輩とバットを振ることもある。差が出てくるのは、チーム練習以外のこの自主練習だ。たとえば、85年センバツの準決勝で伊野商（高知）に敗れたあと。渡辺智男（元・西武など）に3打数3三振と完璧にやられ、泣きながらベンチで道具を片づけていた清原は、寮に帰り、ミーティングをしたあとに雨天練習場に行って最速に設定したマシンを打った。桑田がある日の早朝、びしょ濡れで寮に帰ってきたのを見た下級生が「雨かな」と外を見ると降っていない。夜明けとともに、汗だくになるほど走り込んでいた。

逆転のＰＬ

つねづね、奇跡的な逆転を何度も呼び込むＰＬの野球を不思議なものと思っていた。たとえば、78年の夏。中京との準決勝では、なんと4点差を9回に追いついて、延長12回に押し出しでサヨナラ勝ち。決勝でも、2点差の9回に一挙3点を奪って、高知商に逆転サヨナラ勝ち。まるで9回になるのを待っていたような、2日連続のミラクルだった。西田真二（元・広島）－木戸克彦（現・阪神コーチ）のバッテリーを中心に、〝筋書きのないドラマ〟〝野球は二死から〟を地でいった優勝は、以後〝逆転のＰＬ〟という定冠詞で語られることになる。

さらに中村が監督となってから初めての甲子園、81年センバツの決勝。印旛（千葉）に1点負けている9回に、またも逆転サヨナラ勝ち。82年センバツの横浜商との準決勝も、中盤に追いついてのサヨナラ勝ち。劇的勝利の連続で、ＰＬといえば逆転、という方程式がますます固まっていく。土壇場での強さは、練習の量に裏づけられるとはよくいうが、甲子園に出てくるほどの強豪なら、練習の絶対量に大差はないはずだ。精神を鍛錬すれば強くなる、というのもまた違う。精神だけでいいのなら、世俗を超越した高僧たちの野球チームは無敵ということになる。前提として、水準以上の技術がなければならない。ではなぜ、PLは神かがり的な強さを発揮できたのか。

卓越した技術屋である中村は、こう分析する。

「現在もむろんそうですが、当時の高校野球では、エースが先発して完投するというのがいまよりももっと常道でした。控え投手をリリーフに出したくても、力量的にはエースよりも若干見劣りするのがふつうで、エースを下ろすことにはためらいがある。試合が終盤になるほど、1人で投げてきたエースには疲労が溜まるわけです。一方対戦する打線のほうは、いかに相手が好投手であっても、試合が進むほど目が慣れてくる。相関関係でいえば、打者のほうが、だんだん分がよくなってきますね。それまでの打席は抑えられてきたとしても、今度は対等な勝負ができるかもしれません。つまりピッチャーにとって、終盤は大きな難関で、だからプロ野球では、抑え投手の存在が大きいんです」。

そして甲子園という場の作用と、PLの名前もある。数々のドラマを演じてきた〝逆転のPL〟だけに、たとえ劣勢で終盤を迎えても、「PLなら、なにかが起きる」「勝負はゲタを履くまでわからない」という空気がスタンドに充満し、対戦相手にも伝播《でんぱ》する。さらに、感情が起伏する高校生だ。あと1回、あと2アウト……と進めば進むほど勝利を意識し、投げ急いでストライクが甘く入ることもある。逆に、慎重になりすぎてカウントが悪くなることもある。そこでヒットなり、四球なりで走者が1人でも出れば、「やっぱりPLが相手なんだから、ただでは終わらないよなぁ」と、リードしていてもベンチがなんとなく浮わついてくる……。

おもしろいことをいったのは、松山だ。KKのデビュー以後のPLは、極端に練習試合が少なかった。ファンが殺到して、大混乱になることを避けるためだ。年間10試合にも満たない。人気チーム、人気者を抱えるゆえの制約。その分、実戦経験を積むために、紅白戦を多く行った。

「練習試合は確かに少ないんですが、新チームになり、秋の公式戦が終わってからは、毎日のように紅白戦です。監督やコーチは指示を出さず、選手間でサインを出しながら試合を進めていき、負けたほうにはペナルティがあるんです。勝ったらグラウンド10周のところ、負けたら20周、コールドなら40周……。だからホントに緊張感もあり、必死にやりますよ。かりに控えだとしても、ほかの強豪でも十分エース級のピッチャーと対戦するんですから、そんなには打てません。戦術も考えるし、集中もするし。ふつうのチームと練習試合をするよりは、内容は格段に濃いと思います。もしかすると、紅白戦といいながら、大阪府の決勝くらいのレベルだったかも……」

濃密な、そういう日常。強いはずである。さらに松山は、こうもいう。

「各自が自立していたから、キャプテンになっても、チームワークなんて必要だと思わなかった。タマを捕るのも打つのも自分で、誰も助けてくれないでしょう。自分がいいパフォーマンスをし、それが集まってチームになればいいという考えでした。そして試合では、自分を表現することが楽しみなんです」

表現する一手段として、各自が目標を設定した。ホームランを打つ。打率4割5分以上。塁に出たら盗塁……85年夏のＰＬは、東海大山形に毎回の29得点という記録的な打棒を見せつけてスタートを切るのだが、大会7日目・2回戦からの登場にナインは、抽選のクジを引いた松山に文句をつけた。「1試合、少ないやんけ」——自らを表現する機会が減った、というわけだ。そういう集団が、やっと試合ができる……と満を持して爆発したのが29得点だった。そして決勝は――いずれも1点ビハインドの場面で、清原が2打席連続アーチをかけ、最後を決めたのは松山。いかにもPLらしく、サヨナラで優勝を飾っている。もっとも松山にいわせると、「後攻めなのは、別にサヨナラを意識したわけじゃなく、じゃんけんで負けたから。勝っていたら、1打席でも多く回ってくる先攻を取りますよ」ということになるのだが。

結局PLは、KKが5季連続出場した83年から85年の3年間で夏の優勝が2回、準優勝が1回。春は準優勝とベスト4。3年間の甲子園成績は23勝3敗で、今後まず破られることはない数字だろう(ちなみに、80〜82年に荒木大輔〔現・東京ヤクルトコーチ〕を擁し5季連続出場した早稲田実は、その間12勝5敗だ)。

中村は98年のセンバツ限りで監督を退くのだが、特筆すべきは18年間の監督期間中、のちのプロ選手が39人にものぼることだ。しかも吉村禎章(現・巨人コーチ)が3年生だった81年から、田中一徳(元・横浜)が2年生だった98年まで、すべての学年からプロ野球選手が生まれているというのも奇跡に近い。もちろん、それだけ恵まれた才能がPLにそろってはいた。だが大学、社会人、またプロとしても通じるような、理にかなった体の動きを教える、という中村の技術屋気質が通奏低音にあるのは間違いない。

高校で華々しい活躍をしても、学校によってはそれがなかなかプロ野球での大成につながらないケースもある。たとえば池田のあるOBは、蔦《つた》文也監督の指導について、こんな指摘をする。

「蔦先生は、多少欠点があったとしても、それには目をつぶる。高校時代はとにかく速いタマを投げ、遠くへ打球を飛ばせばそれでいいんです。水野（雄仁）さんなんか、つねにフォームの欠点を指摘されていましたよね。ですから、高校ではとんでもない存在であっても、さらに上に行ったとき、その欠点が大成を阻害することもあるんじゃないでしょうか。甲子園であれだけ実績を残しても、池田出身のプロ野球選手が少ないのは、それが理由だと思います」

どちらがいい、悪いではない。蔦は選手の長所を奔放に伸ばそうとし、中村は技術屋らしく、理にかなった動きや、故障のないメカニズムを追い求めた。それが結果的に、プロ選手の多さにつながった。

「監督はエンジニアである」と語ったのは、西鉄ライオンズの黄金時代を築いた〝魔術師〟三原脩である。チームという人間の集団を1台の車に見立てれば、技師である監督がそれを合理的にチューンアップする、ということだろう。車に最大限の出力を発揮させるには、個々の部品の性能を高めることだ。ただし、単に排気量を上げ、速く走るだけの部品ではダメ。さらに高い負荷がかかり、悪路を走ることになっても、びくともしない堅牢さがほしい。高校だけではなく、もっと上で野球を続けることを願う中村に感じるのは、そういうエンジニアの矜持《きょうじ》である。高校で通じればいいのではなく、上のレベルでも通じる品質。

最後に——5回の甲子園で通算20勝を挙げた桑田。現在の学制では最多記録だが、たとえば横浜高時代の松坂大輔のように、相手打線を完璧に牛耳るピッチャーではなかった。三振の山を築き、ゼロ行進を続けるタイプではない。現に優勝した85年の夏でも、甲子園での完封は5試合のうち1試合で、防御率にすれば2・08と、さほど傑出したものではない。それもそのはずで、驚くべきことに桑田は、真っすぐとカーブという2つの球種しか投げていないのだ。あの野球センスをもってすれば、さまざまな変化球をモノにできたはず。現に、チーム内のシート打撃や紅白戦で、遊び半分でスライダーやフォークを投げると、さしものPL打線でも、だれもかすりもしなかったという。

なのに甲子園本番では、真っすぐとカーブだけ——。桑田の多彩な変化球を知っている清原などは、甲子園でピンチになるとタイムをかけて桑田の元に行き、『『スライダー投げろよ。絶対空振りやで』というんです。でも『投げへん』というと、『お前らしいなあ』と守備に戻っていきました。ここでスライダーやフォークを投げて勝っても、意味がないと思ったんですね。目先の1勝より、もっと大切なものがありますから」。

桑田には「将来はプロでやる」という強い目標があった。高校生程度を相手に、真っすぐとカーブだけで抑えられなくてどうするんだ。おそろしいほどの意識の強靭さだ。もし、である。もし桑田が、甲子園で多彩な変化球を投げ分けていたら——当時のPLは、いったいどんな記録を残していたのだろうか——。

其の五

1989年 帝京（東京）

前田野球の〝3度目の正直〟

帝京・前田三夫監督

宣言どおりの初優勝

1989年夏の甲子園、決勝。どちらが勝っても初優勝という試合は、帝京の吉岡雄二（元・楽天など）と、仙台育英（宮城）の大越基（元・福岡ダイエー）の投手戦になった。両チームとも、几帳面に0を連ねた9回裏、仙台育英は二死から大山豊和の三塁打でサヨナラのチャンスをつかんだ。育英にとっては、東北勢初の全国制覇という野望に手が届きかけている。ピンチを前に、帝京・前田三夫監督は、こう思っていた。過去、センバツでは2回決勝に出て、いずれも負けている（80年、0対1高知商／85年、0対4伊野商）。これが3度目の決勝戦。

「ここで打たれるようなら、オレは一生、優勝はできないだろうな。優勝とは縁がないんだ。そういえば高知商との決勝でも、延長10回サヨナラ負けだったよなぁ……」

なにしろ暴投でも、ポテンヒットでも、内野安打でもサヨナラだ。前田は祈り、ええい、もうどうにでもなれと居直った。祈りが通じたのか。ここで吉岡が、次打者の茂木武をファーストフライに打ち取り、試合は決勝戦10度目の延長にもつれ込んだ。よ～し、見放されてはいない、オレにもまだ優勝の目があるかもしれない。

一方の、大越。9回裏には、二死とはいえチャンスだ……と、ネクストバッターズサークルでサヨナラ優勝の場面がちらついた。なにしろ、連投をさせないチーム方針とあって、前日準決勝の3連投さえ、初めての体験だった。4連投目の疲労度は、尋常じゃない。できればもう1球だって投げたくない、打ってくれ。終わってくれ。だが——凡退。

「ガックリきた気持ちを切り替えられないまま、マウンドに向かってしまったんですよ」

いま、早鞆《はやとも》（山口）で監督を務める大越が、そんなふうに回想してくれたことがある。その延長10回表、帝京の先頭打者は井村清治だ。九番。そこまでの打席で、大越は2三振を奪うなど完全に封じており、「真っすぐさえ投げておけば大丈夫」という感触があった。それが、切り替えられないままの心理の揺れか。魅入られたように変化球を投じ、これがポテンヒットとなる。さらに四球、バントでつかんだ一死二、三塁のチャンス。帝京は三番・鹿野浩司（元・ロッテ）が打席に入った。

実はこの鹿野、6月までは主将を務めていた。だが責任感の強さが災いし、チームの統率に苦慮してスランプに陥っていた。プライドはあっただろう。だが前田としては、全国制覇するには鹿野のバッティングが必要だと考えている。プライドよりも、もっと楽に打たせる環境を優先した。このチャンス。そこまでの鹿野は、大越の速いタマに詰まらされている、と感じて変化球狙いを指示した。しかしそれが読まれ、大越はポンポンとストレートを投げ込む。2球でアッという間に2ストライクになった。

悪い悪い、変化球狙いは取り消しだ、思いきって行け！　とベンチから前田が意思を伝えると、3球目をカットしてタイミングの合ってきた鹿野のバットが、大越の4球目のストレートをとらえた。打球は、センター前へ——。春夏通じて3度目の決勝で、29イニング目に帝京が初めて記録した得点、2。その裏、吉岡が仙台育英を0点に抑え、帝京は初優勝を飾る。前田三夫、このとき不惑の40歳。そしてこの89年夏を皮切りに、92年センバツ、95年夏と、平成元年から7年までに3回の全国制覇を成し遂げてきた。

「89年の優勝が、1番感慨深いですね。あのチームは、メンバーが入学してきた当初から、『全国優勝を狙うよ』といい続けてきたんです。東京を勝つだけではなく、全国

☆1989年度 第71回 全国高校野球選手権大会☆

[熱戦の軌跡]

※都道府県名のあとの丸数字は出場回数

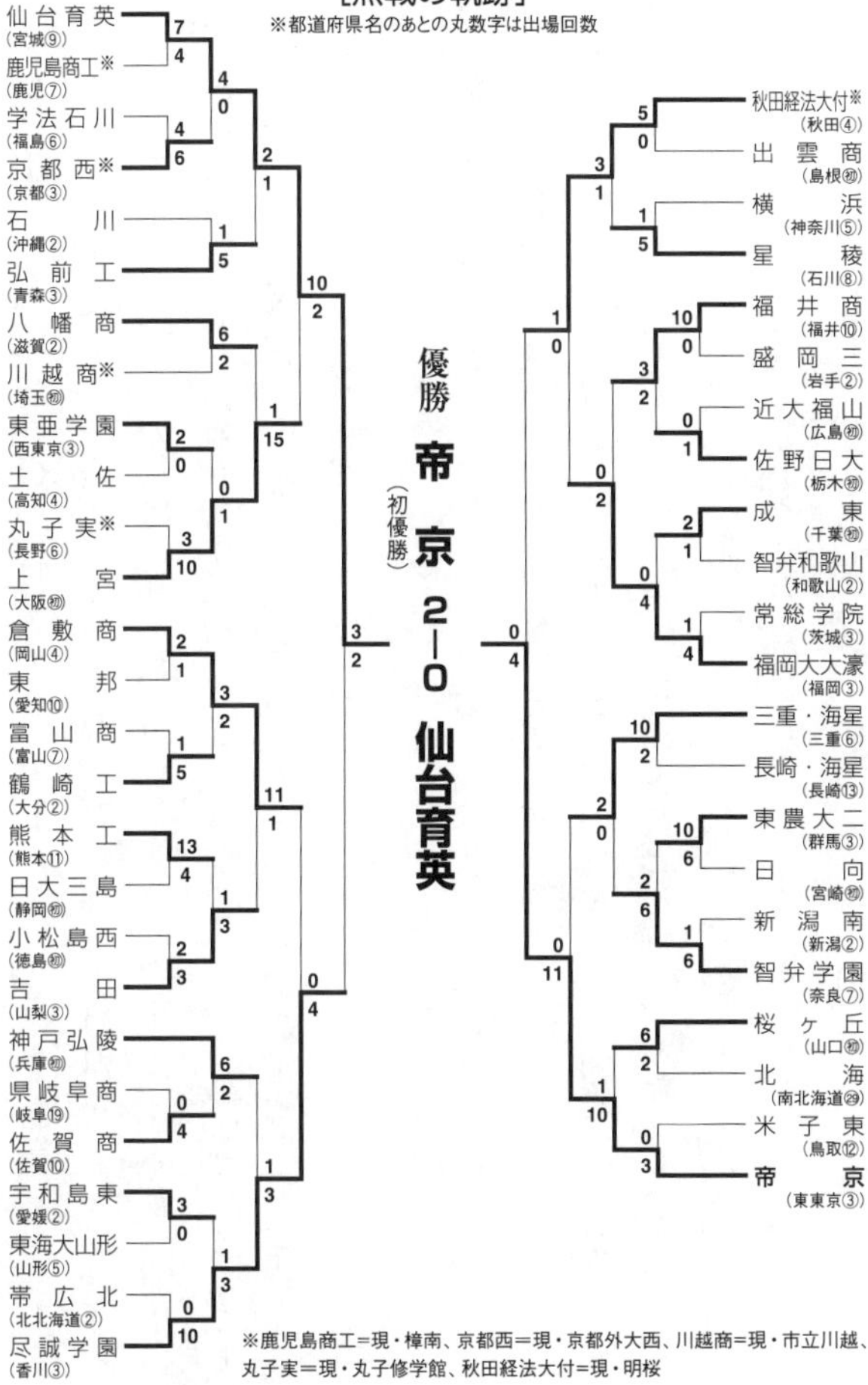

※鹿児島商工＝現・樟南、京都西＝現・京都外大西、川越商＝現・市立川越、丸子実＝現・丸子修学館、秋田経法大付＝現・明桜

制覇。大型選手が多く、それだけの力はありましたし、あえてそれを意識させました。ピッチャーをやる気のなかった吉岡を、『プロ野球選手になりたければ、ピッチャーが1番アピールできるぞ』とその気にさせてね。思惑どおりに力をつけてくれ、前年秋の東京大会決勝のスコアが14対0です。バッテリーは前チームから残っていましたし、打線も強力でした。それが……センバツでは、初戦負け（6対7報徳学園［兵庫］）。よ～し夏こそ勝負、と意欲が高まっていましたね」

"棟梁《とうりょう》"の土台づくり

前田が帝京の監督に就任して、40年が経とうとしている。

この人と話していると、気さくな大工の棟梁を思い浮かべる。内房の千葉県袖ヶ浦、半農半漁の家で育った気っぷのいい口調。目尻のシワと、解説でおなじみのややかん高い声は、ちょっと寅さん風だ。下積みからのたたき上げ。そして、やかましい周囲の声に対し、やせ我慢して自分のやり方を貫く頑固さ。帝京というチームは、そんな棟梁が手塩にかけて普請《ふしん》した家かもしれない。

帝京高校

1989年度 第71回全国高校野球選手権大会
全成績

●決勝(延長10回)

	1	2	3	4	5	6	7	8	9	10	計
帝　京	0	0	0	0	0	0	0	0	0	2	2
仙台育英	0	0	0	0	0	0	0	0	0	0	0

【帝京】		打数	得点	安打	打点
(左)	蒲　生	4	1	0	0
(二)	中　村	3	0	0	0
(一)	鹿　野	5	0	2	2
(投)	吉　岡	5	0	0	0
(右)	池　葉	4	0	1	0
(三)	田　島	3	0	1	0
(遊)	冨　沢	4	0	2	0
(中)	成　沢	3	0	0	0
(捕)	井　村	4	1	1	0
計		35	2	7	2

[残塁]8 [犠打]2 [併殺]0 [失策]0

【仙台育英】		打数	得点	安打	打点
(左)	大　山	5	0	1	0
(遊)	茂　木	4	0	0	0
(投)	大　越	5	0	3	0
(捕)	佐　藤	3	0	0	0
(一)	藤　原	5	0	2	0
(二)	村　上	3	0	1	0
打	吉　田	1	0	0	0
(中)	高　橋	4	0	0	0
(右)	山　崎	4	0	1	0
(三)	山　口	3	0	1	0
計		37	0	9	0

[残塁]12 [犠打]2 [併殺]2 [失策]2

投手		回数	打者	被安打	奪三振	与四死球	自責点
(帝)	吉　岡	10	42	9	9	3	0

投手		回数	打者	被安打	奪三振	与四死球	自責点
(仙)	大　越	10	40	7	8	3	2

●準決勝

	1	2	3	4	5	6	7	8	9	計
秋田経法大付	0	0	0	0	0	0	0	0	0	0
帝　京	2	0	0	0	0	1	1	0	X	4

[投―捕](秋)中川、川尻―杉本宗
(帝)吉岡―井村

●準々決勝

	1	2	3	4	5	6	7	8	9	計
海　星	0	0	0	0	0	0	0	0	0	0
帝　京	0	0	0	1	1	9	0	0	X	11

[投―捕](海)喜田、森、末広―中西
(帝)吉岡、池葉―井村
[本塁打](帝)吉岡、池葉

●3回戦

	1	2	3	4	5	6	7	8	9	計
桜ヶ丘	1	0	0	0	0	0	0	0	0	1
帝　京	1	1	0	0	2	0	4	2	X	10

[投―捕](桜)宇多村、沖原―丸尾
(帝)吉岡、池葉―井村
[本塁打](帝)吉岡

●2回戦

	1	2	3	4	5	6	7	8	9	計
米子東	0	0	0	0	0	0	0	0	0	0
帝　京	0	0	0	1	0	0	0	2	X	3

[投―捕](米)豊岡―竹中
(帝)吉岡―井村

「僕がここに来た当時はね、バッティングケージひとつなかったんだ」

03年12月には東京・板橋区に待望の専用グラウンドが完成したが、それまではおよそ90メートル四方の校庭を、サッカー部と共用していた。いずれも全国トップクラスの強豪にしては、気の毒なほどのつつましさだった。

帝京の監督に就任したのは、72年のことだ。故郷のヒーロー・長嶋茂雄に憧れて野球を始めた。だが木更津中央高（現・木更津総合）時代は甲子園とは縁がなく、帝京大でも4年の秋に三塁コーチャーとしてグラウンドに立っただけ。いわば下積みの現役生活。大学時代に帝京の練習を手伝い、たまたま監督が空席だった縁で、卒業と同時に監督に就任した。22歳。血気盛んなころである。

「部員と顔を合わせて開口一番、『オマエたちを必ず甲子園に連れていく！』と宣言したら、大笑いされて。こっちも頭に血が上ってさ、翌日からの練習はスパルタもいいところだった。『やる気がないなら辞めちまえ！』ってなもんでね」

まあ、部員たちが大笑いしたのもわかる。49年に創部した帝京野球部だが、68年の夏に東東京のベスト4に進んだのがせいぜい目立つ程度。甲子園の「コ」の字ともまるっきり縁のないチームだったのである。そこに熱血監督が来たものだから、部員たちは猛練習に辟易《へきえき》し、本当に1人、2人と辞めていく。1週間経ったら6人に、もう1週間で4人に減っていた。これには焦った。いまでこそ教員免許を持つ前田だが、当時は事務職員としての採用だ。監督として結果を出さなければ、職を失いかねない。残ってくれた4人まで部を辞めてはかなわないと、自宅に泊め、夕食をつくって食べさせ、弁当の面倒まで見た。

そのかたわら、足を棒にして帝京の名前を売り込んだ。大卒1年目、まだ安月給だから、手弁当に自転車か徒歩で中学校を回る。有望な選手がいたら、ぜひ帝京を受験させてください……。当時の東京は、日大系列校や早稲田実が圧倒的に強い時代。さらにそのころの帝京は、お世辞にもガラがいいほうじゃなく、偏差値も低水準だった。1年間で300近くの中学にあいさつに回ったが、ほとんどが門前払いだ。それでも、翌年には30人ほどが野球部に入ってくれた。

「うれしかったですね。部員がいるのが、こんなにいいものかと思った。なにしろ部員4人の時代は、フリーバッティングをするのにピッチャーとバッターのほかには2

人しかいない。僕がキャッチャーをして、やっと守備に2人です。翌年、部員が増えたのはいいですが、試合用のユニフォームが人数分そろっていないんです。それを自腹でつくり、またボールもろくになかったので、それも自腹。1、2年目のボーナスなんて、右から左でしたね」

甲子園通算勝利数歴代4位、50勝の大監督にしても、駆け出し時代は涙ぐましいのである。

そのとき帝京に入学してきたのは、強豪からの誘いがなかった生徒たちだ。名門への対抗心を武器にスパルタ練習にも耐え、また前年残ってくれた4人にしても、スパルタに屈しないその負けん気は並大抵じゃない。帝京はじわり、じわりと力をつけていった。

74年秋、東京で準優勝。75年春、初優勝。甲子園に縁がありますようにと、おなじみの縦縞のユニフォームにしたのはこのときだ。そして77年の秋、東京で準優勝して78年のセンバツに初出場。このときは、古豪・小倉（福岡）に敗れているが、先述のごとく2年後の80年センバツで、伊東昭光（現・東京ヤクルトコーチ）をエースに準優勝を遂げる。ここまでが、棟梁の土台づくりの段階といっていい。就任9年目のことだった。

話は前後するが、この伊東から小林昭則（元・ロッテ）、芝草宇宙（現・北海道日本ハムコーチ）、三沢興一（元・巨人など）、大田阿斗里（現・横浜）……と、前田は数多くの好投手を育てている。自身は内野手で、投手コーチもいなかったのに、だ。それには伊東、小林が設計図どおりに育ってくれたのが大きい、という。

「僕はね、投手経験はないけれど、ピッチャーとはこうあるべき、という自分の好みがあるんです。そこに育ってもらうには焦らずに、まず体づくり、ブルペンで立ち投げ、捕手を座らせ、練習試合で1イニング……とじっくり、段階を追っていきたい。伊東や小林がそうやって成長したので、ああ、このステップで間違っていないんだなと自信を得たんです。それにしても、吉岡、白木（隆之）あたりも含めて、右の本格派ばかりだね」。

さて、センバツの準優勝で全国区になりつつあった帝京だが、春は出場できても、夏の甲子園が遠かった。新チームがスタートして間もない秋ならともかく、夏となると伝統校が腰をすえて実力を整備してくる。新興チームが太刀打ちするのは、なかなかむずかしい。折りしも帝京の属する東東京は、80年夏から荒木大輔（現・東京ヤクルトコーチ）の時代に入るのだ。伊東の1学年下にあたる荒木は、早稲田実で5季連続出場しているから、帝京はその80年夏から82年センバツの間、甲子園から遠ざかったことになる（※早稲田実は当時、東東京。現在は西東京）。

「とにかく、早実が壁でしたね。75年夏は準決勝で負け、初めて東東京の決勝までいった77年夏も早実に負け。その秋にも決勝で、78年夏の決勝もまた早実に負け。80年のセンバツで準優勝したチームも、夏は荒木が1年だった早実に負けてベスト4止まりで、甲子園には行けずじまいです。どうやったら早実に勝てるか、それだけを考えていた」

同じ東東京にいる以上、早稲田実に勝たなければ夏の甲子園はない。そのころの早稲田実・和田明監督は海千山千で、こちらが考えている最中に盗塁、エンドランとたたみかけてくる。気がついたときには2点、3点と取られていた。また伝統や実績、ブランド力の差もある。帝京に入学してくるのは、早稲田実や日大系に進めなかった

吉岡雄二（左端）らの大型選手をそろえ、1989年に宣言どおりの全国制覇。幾多の困難を乗り越え、3度目の挑戦でやっとつかんだ大旗だった

選手が多く、「それを埋めるには練習しかないと、むちゃくちゃやりました」（前田）。

それでも勝てない。ある夏の対戦で、やがて気がついた。帝京の選手たちは連戦に疲れ切った表情なのに、早稲田実の選手たちはイキイキとしている——。

「僕が選手たちを絞りすぎていたんです。連戦でのペース配分を考えずに、ただやみくもに練習することで自己満足していた。監督の力不足です。これじゃあいけないない……」。トレーニングと同じことだ。毎日、やたらと強い負荷をかければいいわけじゃない。適度なインターバルを置き、休養、栄養と組み合わせてこそ効果的なのだ。手綱《たづな》は締めるだけではいけない。

そうこうするうち、雑音も聞こえてくる。センバツで準優勝したチームが、なぜ東京で勝てないんだ。前田の役目は基盤づくりで終わらせ、あとは帝京のOBが引き受けようじゃないか……弱いころは野球部に見向きもしなかった人々が、強くなったとたん、ただOBであることを理由に、我が物顔で選手のコーチを始める。イヤ気がさした前田は、もう身を引こうと思った。

「あるときOBの1人が『前田では勝てない』と校長に直訴してね。私としては、スタートしたときから苦労して、手塩にかけて部を育てた自負がありますから、みすみす手放したくない。そこで校長が『よし、1年以内にまた甲子園に行ったら、続けさせてやる』と。飲むしかない条件でした。荒木君が引退した82年の秋、東東京で優勝し、翌年の春夏と甲子園に出たから、いままでずっとやってこられたようなものですよ」。

帝京が東東京を制し、初めて夏の甲子園に出場するのは、荒木が早稲田実を卒業した83年、監督就任12年目のことだった。

大敗・逆境を糧に

早稲田実が前田の野球観を変えたとすれば、この83年には、もうひとつ大きな出来事があった。82年の秋季大会で優勝してコマを進めた翌年のセンバツ。大型選手が多く、破壊力抜群の打線は評判も上々だった。だが、よりによって1回戦の相手は、あの蔦《つた》文也監督率いる池田（徳島）。前年夏、畠山準（元・横浜など）で全国制覇し、エース水野雄仁（元・巨人）で夏春連覇を狙う西の横綱だ。

「な〜に、こっちだって東の横綱だという自負があったけど……試合が始まったとたん、いや前日、新聞社の企画で蔦さんと対談したときに、すでに〝負けた〟と思いましたね。体も違えば打球の音も飛距離も違うし、もちろん監督の風格というか、貫録も大違い。結局、0対11の惨敗ですよ。池田はこの大会で優勝するわけですが、全国制覇しようと思ったら、あのレベルに勝たなくてはいけない。これは、並大抵ではいかないぞ、と」

この屈辱的な敗戦が帝京の一大転機になったのは、よく知られている。〝東の横綱〟なんて、穴があったら入りたい。土台づくりが済み、どんな間取りの家を建てようかと算段していた前田棟梁だが、その結構はもろくも瓦解《がかい》し、また一からやり直しである。今度こそ、衝撃にもびくともしない基礎を——。たどり着いた結論はいたって単純。池田の選手に負けない体をつくることだった。池田が、当時はまだ斬新《ざんしん》だった筋力トレーニングに取り組んでいると聞くと、週に3回のトレーニングを導入。2年後には、グラウンドに隣接してプールつきの体育館が完成した。三宅島出身で、泳ぎが達者な中村雅年コーチ（当時。現・部長）の進言で、同じく週3回の水泳もメニューに加えた。もちろん、グラウンドでの練習に加え、ランニングもたっぷり。

「ボールを使った練習を減らすのは心細いもの。でも、あれだけの惨敗をしたんだから、なにかを大胆に変えなくちゃいけなかった。むしろ、池田とそこそこの試合をしていたら変えにくかったかもしれませんね」

この勇気は、実を結んだ。選手によってはベンチプレスの数字が2倍以上に伸びた。フリー打撃の、飛距離と音が変わった。同じ距離を走っても、息が上がらなくなった……さらに、ひ弱な都会っ子たちを体の内側から改造しようと、栄養管理も徹底した。これはのちのことになるが、食が細く、体に力のなかった芝草に対して前田は、面と向かって弁当を食べることから食べる訓練を施していった。合宿では、ドンブリ飯を食べ終わるまで、つきっきりで目を配った。トレーニング＋食事＝肉体改造。こうした指導の徹底が、「とても同じ高校生とは思えなかった。まるで社会人みたい」（98年夏に対戦した浜田［島根］・和田毅［現・福岡ソフトバンク］）な分厚い体のモトになっている。選手たちの肉体改造に取り組んだ帝京は、85年のセンバツで再び池田と対戦。小林の好投による1対0の勝利で、恩返しを果たすことになる。

いわば、池田戦の惨敗によって1度崩壊した土台を、新たな工法で強固にしたようなものだった。その土台の上に、綿密に普請した結果が、大型選手のそろった89年の初優勝だった。

「それと91年の夏。蔦さんはもうベンチにいなかったけど、三沢の満塁ホームランで逆転し、結局サヨナラ勝ちした池田戦も印象深いですね。その三沢がエースとして、翌年のセンバツで優勝したわけです」

さらに……別の意味で、前田が「感慨深い」というのが、95年の夏の優勝だ。

そもそも、この夏。6月の練習試合で大敗し、帝京の練習は厳しさの度合いを増した。夜の12時近くまで。終電に乗り遅れないよう、全員が駅までダッシュしたほどだ。やがて、事件が起きた。前田の指導法に反発した主将を含む主力4人が練習をボイコットし、結局部を離れたのだ（のち、1人は復帰）。空中分解寸前の危機。「でも、ここで変に選手に妥協し、懐柔しようとしたら、全国なんか狙えない」。棟梁は、頑固なのだ。

しかもこの年の帝京は、さながらヒール扱いだった。東東京大会では、少しでも実戦経験を積ませたいと、コールド勝ちとなるランナーを意図的に三塁に止まらせたのが批判された。甲子園に行ったら行ったで、果敢なスライディングがラフプレーと非難された。それでも、2年生バッテリー（白木―坂本直之）を中心に優勝。

「私へのバッシングだけならいいですが、一生懸命やっている選手たちが気の毒で……でも、選手たちが日ごとに粘り強くなっていくのがわかった。いろんなことがありすぎましたから、最初の優勝とは違った意味で感慨がありますね。考えてみると、逆境になればなるほど、〝よ〜し、勝たせてやろう〟と燃えるんだろうなぁ。吉岡のときは、アイツが大会の2週間前にねんざするし、三沢でセンバツを優勝した92年も、アイツの前年秋の防御率は、出場校中ブービーだったんですよ」

そういえば……前田・帝京のスタートは、部員わずか4人という大逆境だったのだ。

自らを〝猪突猛進〟という前田。身分不相応にも、20代のころ、ツテをたどって東海大相模（神奈川）に練習試合をさせてもらったことがある。原辰徳（現・巨人監督）がいて、高校のグラウンドに女性ファンが詰めかけていた。当時の原貢監督にいわれたことが、いまでも頭に残っている。「君、高校野球で勝ちたいか。勝ちたければ、武道の本を読みなさい。日本は、武道の野球だよ」といわれて前田が手にとったのが、吉川英治の『宮本武蔵』だった。

「読んでみて、武蔵の生き方に共感しましてね。苦境に立たされたときには、再度読み直しています。早実になかなか勝てないとき、蔦さんに打ちのめされたとき、95年のバッシングのときもそうでした。武蔵が『五輪書』を書き始めたのが60歳のときといわれるでしょう。私はいま62。あと10年とはいいませんが、ノックができるうちは必死で戦っていきますよ」。

其の六

1996年 松山商業（愛媛）

奇跡のバックホーム

松山商業、10年ぶり5度目の優勝

決勝は古豪対決。〝10年ぶり・松山商〟対〝59年ぶり・熊本工〟

「オマエが決めたら終わりやで！」

１９９６年8月21日、第78回全国高校野球選手権大会、決勝。ライトを守る松山商・矢野勝嗣の頭には、そんな声が響いたのではなかったか。9回二死走者なし、優勝まであと1人と迫りながら松山商は、先発・新田浩貴がまさかの同点ホームランを浴び、試合は振り出しに戻った。もつれ込んだ延長10回裏の守り。一死満塁から守備についた矢野の頭上を、熊本工（熊本）の三番・本多大介のフライが襲う。犠牲フライには十分すぎる飛距離だ。やった、サヨナラだ！ やられた、サヨナラか……。

打たれた瞬間、ホームランかと思った。それほどいい角度の打球で、矢野は一目散にフェンス際まで背走した。ところが、右から左への浜風に負けて、打球が思いのほか戻される。こんどは必死に前進した矢野は、「この距離だと、カットマンに投げたら間に合わない。どうせサヨナラで負けるなら、思い切ってダイレクトで放ってやれ」と決断していた……。

１９０２（明治35）年創部で、出場25度目の松山商——通称・松商と、23（大正12）

年創部、出場14度目の熊本工——通称・熊工。この年の決勝は、古豪同士の顔合わせとなった。選手権にめっぽう強いことから〝夏将軍〟の異名をとり、夏はそれまで4度の全国制覇がある松山商は、10年ぶりの決勝進出。過去2回の決勝進出で、いずれも準優勝に終わっている熊本工にとっては、59年ぶりの決勝進出だ。

前年の夏、県のベスト4で敗れた熊本工は、その8月にOBの田中久幸を監督に招き、テコ入れに着手していた。熊工が94年のセンバツに出場したときの主将で、主軸だった田中秀太（元・阪神）の父。現役時代は日産自動車で主将として73年、都市対抗に準優勝し、監督として84年に優勝を経験している田中だが、いきなりどん底に突き落とされた。

県内屈指の強豪のはずが、秋の大会で初戦負けするという異常事態である。だが、就任して間もない大会。前監督のやり方を踏襲するしかないと考えていたから、自分の色を着けるには初戦負けはいっそ好都合だ。田中は、部員を前にこういった。

「私も、指導者として最後の仕上げのつもりでやる。君たちも本気でやろう。ただし、これからは厳しいぞ。日本一になりたい人だけ、残ってくれ。辞めたい人はどうぞ」

この日から熊本工には、社会人仕込みの高度な野球が染色されていく。緻密《ちみつ》な考え方は、選手たちには目からウロコの思いだった。

「1点もやれない場面でなぜ君たちは、ランナーを次に進めないような工夫をしない？　けん制を1球、ことによっては3球入れろ。それでリードが半歩でも小さくなれば、次の塁でアウトを取れる確率が高くなるし、打者の心理状態も変わる。とにかく、自分たちが少しでも有利になるように知恵を働かせなさい。ただ投げて打つ田舎の野球ではなく、都会の野球をしなさい」

内野のキーマンである坂田光由は語っている。「監督さんは、高度な野球を噛み砕いて教えてくれました。そして試合でも、監督のいうとおりにやれば勝てた。この人についていけば間違いない、と思うようになりました」。

こうして田中が監督に就任して丸1年、熊本工にとって4年ぶりの夏は、日本一まであと一歩にこぎつけた。

一方の松山商。86年の決勝戦では、筋トレに力を入れる天理（奈良）に屈した。90年の3回戦では内之倉隆志（元・福岡ダイエー）に3ランを浴び、鹿児島実（鹿児島）

に逆転負けを喫している。コーチとして天理のパワーを目の当たりにし、采配を振った鹿児島実戦でまたも空中戦に泣き、澤田勝彦監督はパワー野球の必要性を痛感していた。もちろん、伝統の松商野球にパワーを注入するといっても、そう簡単にはいかない。だがやがて、〝平成のドカベン〟と呼ばれた今井康剛が入学してくる。しなやかなリストと驚くべき飛距離。この男がいれば、松商が変わるかもしれない……。

事実、手応えはつかんだ。95年夏、96年春に続いてこの夏と、意外なことに松山商にとって戦後初めての3季連続出場である。ただ、過去2季は4対5（旭川実［北海道］、3対7（宇都宮工［栃木］）と、いずれも初戦負けを喫していた。

「去年の夏、今年の春は、悪くいえば今井のワンマンチーム。ほかの選手との力の差が明らかでした。それが今回は、仮に今井が打てなくても、打線のつながりがあるんです」（澤田）。

この時点まで高校通算74ホーマーの今井は、確かに軸だ。だがそれだけではない打線のつながりと、春のセンバツでもマウンドを踏んだ2年生投手・新田の成長で、ここまでやってきた。

甲子園での1～3回戦の相手は、奇しくも初出場校ばかりだった。「でも、別に意識はしません。学校自体は古豪だからって、僕らにとっては、初めての甲子園ですから」と捕手の石丸裕次郎がいうように、油断なくすべて寄り切り勝ちだ。東海大三（長野）には新田が完封、東海大菅生（西東京）は先発した渡部真一郎が2ホーマーと投打に活躍。新野（徳島）戦は新田、渡部のリレーと、多彩な勝ちパターンである。6年前に敗れた鹿児島実には、今井が待望の甲子園1号をぶち込んで恩返しし、準決勝は相手・福井商（福井）のミスにもつけ込んで加点した。パワーだけではなく、伝統の細かい野球も健在である。

熊本工の決勝進出は、「初戦、山梨学院大付（山梨）に勝ったのが大きい。もし、エースの伊藤（彰、元・ヤクルト）君が万全で先発していたらたぶん負けていた」（田中）。左肩痛で先発を回避した評判の左腕を途中から引きずり出し、古閑伸吾の2ランなどであっさりと打ち崩す。投げては、夏風邪を引いて県大会はさんざんだったエース・園村淳一が8回まで好投を見せた。高松商（香川）戦では、初戦の走塁時に頭に送球が当たり、さらに打席ではアゴに死球と踏んだり蹴ったりだったキーマン・坂田

☆1996年度 第78回 全国高校野球選手権大会☆

[熱戦の軌跡]

※都道府県名のあとの丸数字は出場回数

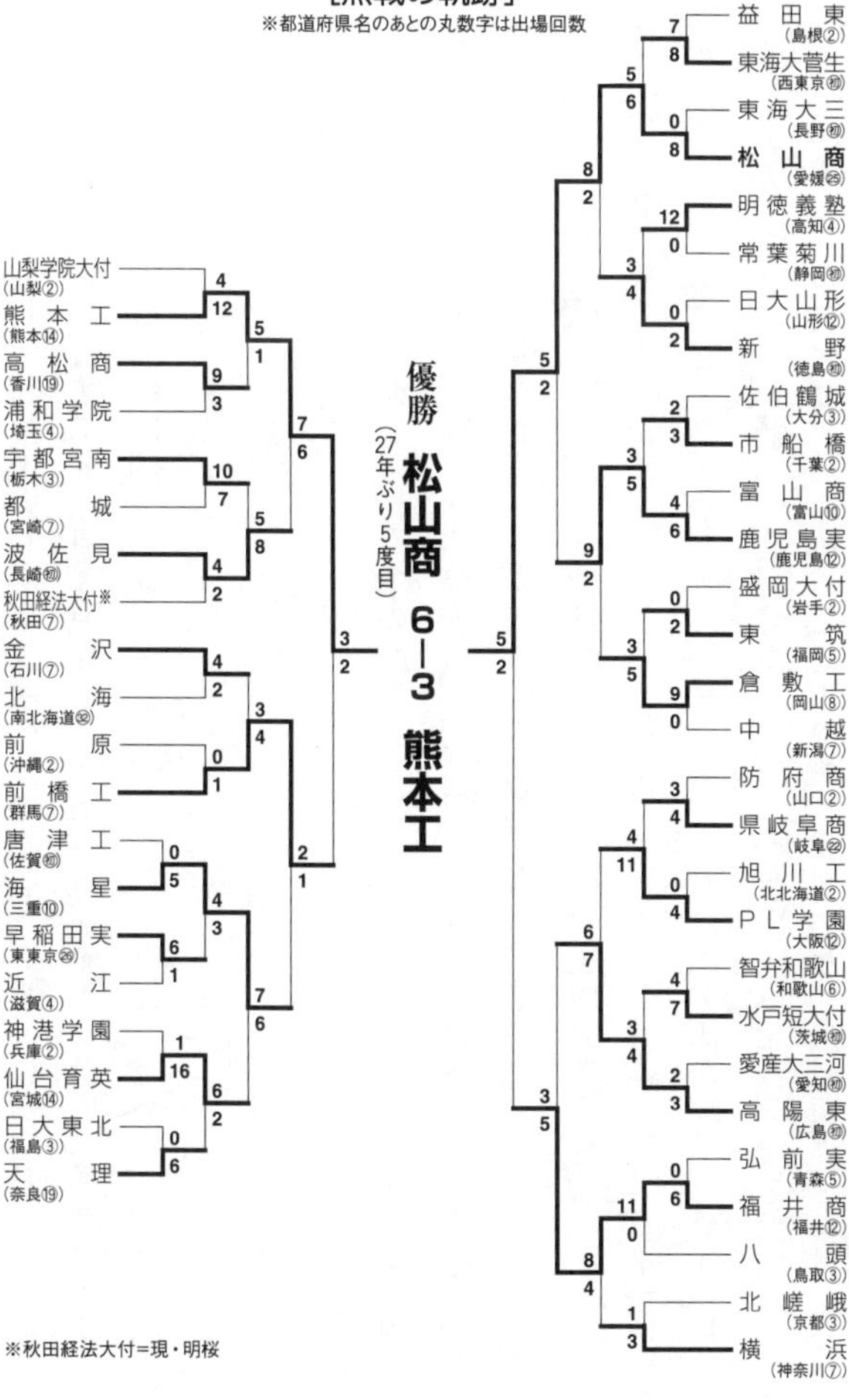

※秋田経法大付=現・明桜

が気迫で復帰し、2安打2打点。九州同士で手の内を知っている波佐見（長崎）戦は、シーソーゲームにもあわてずに8回裏に逆転し、準決勝は前橋工（群馬）の好投手・斎藤義典に3回の3安打だけに抑えられながら、効率的な攻めと好守で競り勝っている。

クライマックスへのプロローグ

古豪対決。長い甲子園の歴史で初めての顔合わせは、ちょうど1時にサイレンが鳴った。観衆4万8000人、熊本工の先発は園村。立ち上がり、制球が定まらないところを強打し、じっくり見きわめ、3安打3四球で松山商が3点を奪う。だが、回はまだ浅い。強気で鳴る園村が2回から立ち直ると、熊本工はあせることなくどっしり腰を据え、松山商の先発・新田にプレッシャーをかけていく。2回、相手エラーで拡大したチャンスに、境秀之がタイムリーで追撃態勢。8回には坂田が犠牲フライを放って1点差に追いすがる。園村も、得意のシンカーを駆使して2回から9回まで散発4安打と、完全に立ち直った。淡々とした展開のまま3対2と、松山商わずか1点の

松山商業高校

1996年度 第78回全国高校野球選手権大会
全成績

●決勝(延長11回)

松山商	3	0	0	0	0	0	0	0	0	0	3	6
熊本工	0	1	0	0	0	0	0	1	1	0	0	3

[本塁打](熊)沢村

【松山商】		打数	得点	安打	打点
(二)	吉見	3	1	0	0
(三)	星加	6	2	2	1
(一)	今井	6	0	2	2
(右投)	渡部	5	1	2	1
(捕)	石丸	4	1	0	0
(左)	向井	4	0	1	0
(中)	久米	4	0	0	1
(投右)	新田	3	0	1	1
右	矢野	1	1	1	0
(遊)	深堀	3	0	1	0
計		39	6	10	6

[残塁]11 [犠打]4 [併殺]2 [失策]2

【熊本工】		打数	得点	安打	打点
(遊)	野田	3	0	0	0
(二)	坂田	3	0	0	1
(一)	本多	5	0	0	0
(中)	西本	5	0	0	0
(右)	古閑	2	1	1	0
打	松村	1	0	0	0
右	井	0	0	0	0
打	木下	1	0	0	0
(左)	澤村	5	1	2	1
(捕)	境	5	0	1	1
(三)	星子	4	1	2	0
(投)	園村	2	0	0	0
投	村山	0	0	0	0
計		36	3	7	3

[残塁]7 [犠打]3 [併殺]0 [失策]0

投手		回数	打者	被安打	奪三振	与四死球	自責点
(松)	新田	9⅔	35	7	6	2	2
	渡部	2	8	0	1	2	0

投手		回数	打者	被安打	奪三振	与四死球	自責点
(熊)	園村	10⅔	48	10	4	7	6
	村山	⅔	2	0	1	0	0

●準決勝

松山商	1	1	0	0	0	0	1	2	0	5
福井商	1	0	0	0	1	0	0	0	0	2

[投—捕](松)渡部、新田—石丸
(福)亀谷—清水

●3回戦

松山商	0	2	2	3	0	0	1	0	0	8
新野	0	0	0	0	0	2	0	0	0	2

[投—捕](松)新田、渡部—石丸
(新)小品、芳川、川野—見谷
[本塁打](新)再起

●1回戦

松山商	1	0	0	1	0	1	0	5	0	8
東海大三	0	0	0	0	0	0	0	0	0	0

[投—捕](松)新田—石丸 (東)長坂、矢崎—酒井
[本塁打](松)渡部

●準々決勝

松山商	1	3	0	0	0	0	0	1	0	5
鹿児島実	0	0	0	0	0	0	0	0	2	2

[投—捕](松)新田—石丸 (鹿)下窪—林川
[本塁打](松)今井

●2回戦

松山商	0	2	0	0	0	0	2	0	2	6
東海大菅生	0	0	0	1	0	1	1	0	2	5

[投—捕](松)渡部、新田—石丸
(東)牧野—小永吉
[本塁打](松)渡部

リードで迎えた9回最後の守り。熊本工は西本洋介、代打の松村晃が三振に倒れてあっさり2アウト。あと1人、ワンアウトで松山商、27年ぶりの優勝だ。そう。前回の優勝は、三沢（青森）と伝説的な決勝引き分け再試合を演じた69年のことである。

ここで打席に入ったのが、熊本工の1年生・澤村幸明だ。八代第六中時代、投手兼内野手として全国大会に優勝経験を持ち、「同年代では、県内ナンバーワンの基礎体力を持っていた」（田中）。兄は八代工の野球部だったが、〝クマコウ〟でやりたいと、屈指の強豪の門をたたいた。同学年35人ほどはボールにさわれず、基礎トレーニングに明け暮れる熊本工で1年生からレギュラーというのは、元・巨人の緒方耕一以来12年ぶりで、つまり並の1年生じゃない。野田謙信主将にいわせれば「アイツを1年生として見ているヤツはいませんよ」となる。

レギュラーに抜擢された県大会では、17打数9安打。打率・529は、レギュラー中2番目だ。それよりなにより、5試合で打点11はダントツ。監督の田中が「あの勝負強さは天下一品」というのもわかる。甲子園では準決勝まで、17打数3安打といま一歩だが、この試合ではショートに内野安打を放っていた。9回二死走者なし、アウトになれば、ゲームセットの場面。田中は「思い切っていけ」。野田は「幸明、ホームランを打て！」――。9回二死、打線は下位に向かう。連打で得点、という確率はきわめて低い。だから、ホームランしかない……現在も社会人・日本通運でプレーをする澤村は、こう振り返る。

「前の2人が三振しているので、ネクストで〝自分も三振するわけにはいかない〟と思っていました。それには積極的にいくしかない。最後の打者にはなりたくないけど、とにかく芯に当てよう、と最低限のことを考えていました。大きいのとか、ヒットを打とうではなく、とにかく芯に当てよう、と」

ストレートなら初球から行く、変化球なら手を出さない。そう決めていた。一方、新田と石丸の松山商バッテリー。〝ここは急がず、まずはアウトコースに外して様子を見よう〟。

その、初球。ボールから入るはずの真っすぐが、ややシュート回転して外から内へと、澤村のヒットゾーンに入ってくる。〝来た！　真っすぐだ〟。澤村の、金色の金属バットが迷いなく走る。ライナー性の打球がレフトポール際へ。行け、行け！　と熊本工ベンチ。切れてくれ、と松山商ベンチ。澤村が一塁を回ってガッツポーズしたときには、新田はヒザを折り、マウンド上でしゃがみ込んでいた。まるで劇画のような、9回二死走者なしからの一発——試合は振り出しに戻った。まだ、終わらない。それにしても……と、澤村は回想する。よく初球から行ったな。いま思うとゾッとしますよ……。

淡泊だった試合展開が、にわかに躁状態になる。甲子園という場の定理として、流れは絶体絶命から盛り返した熊本工だ。10回表松山商は、ヒットのランナーを1人置いたものの0点。その裏、熊本工の攻撃から、松山商はすでに135球を投げていた新田をライトに下げ、渡部がマウンドに上がった。

先頭打者・星子崇が二塁打を放つと「まるで（映画）ジョーズが出てくるときの音楽みたいに」（田中）、球場全体が底のほうから熊本工を後押しする雰囲気になる。絶好のチャンス。田中はここで、園村が敬遠されると踏んだ。サヨナラの場面では、犠牲バントをさせての一死三塁より無死一、二塁のほうがまだ守りやすい。まして園村は、九番とはいえ県大会、甲子園を通じて5割近い打率を残している好打者である。

とりあえずバントのサインは出しておくが、自分が守る側なら敬遠だ。

松山商を率いる澤田の考えは、多少違っている。確率は低いが、バントをさせれば失敗してくれる僥倖《ぎょうこう》もある。うまくいけば一死一塁だし、かりに三塁に送られたとしても、そこから満塁策をとればいいだろう。1点を取られたらどうせ終わりなのだ——選択肢の天秤はそちらに傾き、敬遠の気配はない。園村がやすやすと送りバントを決める。これで勝った……田中は、そう思った。実は澤田の打つ手がワンテンポずつ遅れている。渡部をマウンドに上げた時点で、本来ならばライトには、新田ではなく守備力が上の矢野を入れるべきだ。サヨナラのピンチ。新田をライトに置いて再登板を視野に入れるのは、必要のない慎重さでもあった。

「確かに、ライトを矢野に交代する決断がつかなかった。現に、満塁策をとっている間さえ、矢野にキャッチボールをさせていないんです。交代させるつもりなら、少しでも肩をつくらせておくはずでしょう。1点取られればサヨナラというのに、この期に及んで、腹をくくっていなかったんですね」

澤田は、いう。だが、一死三塁から坂田、野田を歩かせて満塁になった場面で、ようやく決断した。

ライト矢野への交代を告げるために、捕手・石丸を三塁側ベンチに呼ぶ。もちろんこの交代が、なんらかの意味をなす確率は低い。けれど野球では、万にひとつのエラーに備えてカバーリングしなかったばかりに、勝利を失うこともある。徒労に終わるかもしれないが、打てる手は打っておく。野球というのは、そういうゲームだ。しかも本多は左打者。ライトへ打球が飛ぶ確率は、かなりある。よしっ……。

奇跡のプレーも練習ならば〝やり直し〟

「代わったところにボールが飛ぶからな!」。ナインにそういわれ、守備位置に走る間、矢野は不思議と冷静だった。風向きを確かめ、試合の局面を反芻《はんすう》する。背番号9をつけてはいるが、松山商のライトのポジションは渡部か新田、ピッチャーのうちの1人が入ることが多い。事実、この日までの甲子園の5試合で、矢野の出番は2試合しかなかった。だから、打球が来たらどうしようという思いよりも、よし、決勝戦に出られるんだ、という喜びのほうが大きかった。

ふだんの練習で、松山商のノックは、最後の1人がきちんと決めないと終わらない。内野から始まり、外野が二塁、三塁、そしてホームに返球する。捕球も返球も、澤田が合格点を与えないと、最初からやり直しだ。つまり内野がきれいに決め、レフト、センターとオーケーをもらっても、ライトがミスをするとまた内野ノックから繰《く》り返されることになる。矢野はよく、そういう状況でポカをやった。矢野に話を聞いたのは、松山大から愛媛朝日テレビに入社後のことだ。

「最後は僕が決めれば終わり、という状況で、みんなはホーム付近に上がっています。僕が決めたら、その日の練習は終わり。『オマエが決めたら終わりやで！』と、みんなが祈りにも似た励ましをかけてくれる。ところがそこで……ミスをしちゃうんですよ。フライを落としたり、バックホームがとんでもない暴投だったり。となると、練習終わりのはずだったのに、また一からノックのやり直しです。全員が疲れた足を引きずって、ポジションにつく。申し訳ないやら、情けないやら……。みんなから恨みの声を浴びせられるし、わざわざ僕を蹴とばしてから外野のポジションに戻るヤツもいたんです。いま思えば監督さんは、ノックが足りないと思ったときに僕を利用していたのかもしれません(笑)」

なまじ肩に自信があるだけに、ダイレクト返球を試みて大暴投することもある。澤田が、踏ん張りどころでのライトの交代を迷っていたのは、ひとつには矢野のそんな日常を知っているからでもあった。だが、賽《さい》は投げられた。10回裏一死満塁。キャッチボールすらしていない矢野が、ライトの守備位置についたのである。そして……代わったところにボールが飛ぶからな！　という声そのままに、打球がライトに飛んだのだ。しかも、守備位置についてから10秒と経たない初球に。

ジョーズの音楽のように押せ押せムードだった熊本工。田中は、三番・本多にスクイズなどはみじんも考えなかった。「好きなボールをいくらでも打て！」。

来たのはスライダー。真っすぐ待ちだった本多はやや泳いだが、手応えは十分だ。いい角度でボールが上がる。やった！　ホームランだろう、ホームランじゃなくても犠牲フライにはお釣りがくる。熊本工ベンチも、思わず「行ったぁ！　これは文句なし!!」と絶叫した実況中継のアナウンサーも、4万8000人の観衆も、サヨナラを確信した。

やられた……投げた渡部は、負けを覚悟した。松山商のセカンド・吉見宏明は、ときどきポカはするけど、マジメに練習してきた矢野が最後のボールを処理するのもいい、と思った。三塁側ダグアウトの澤田は、強い浜風になぶられる矢野を見て、目をつぶりかけた。

必死に前進した矢野が、勢いをつけてホームベースに投げる。上方30度。その軌道を見て、捕手の石丸は〝アイツ、またやった……〟と観念した。バックホームは、低い軌道のワンバウンドが基本だ。ダイレクト返球でも、それが放物線なら滞空時間がかかりすぎるし、コントロールも困難だからだ。練習中から矢野はときどき、ダイレクト返球を試みてミスをすることがある。〝また、それか……〟。石丸は、そう思ったわけだ。二塁走者の野田も、勝利を確信した。風のせいか打球が失速し、あわてて前進してきた矢野が、ボールをリリースする瞬間も見た。かなり軌道が上だ、暴投か？

ところが、である。つぶりかけた目をおそるおそる開けた澤田のほうに、ボールがぐんぐん近づいてくる。まるで、3年間のノックの思いが乗り移ったように。

あれ？　あれあれあれ？　石丸も目を見張った。左側からは、ランナー星子の足音が聞こえてくる。ひょっとすると、ひょっとするぞ。夢中でボールをつかんだちょうどそこに、三塁からすべりこんでくる星子の上半身があった。右足は、ホームに届いているか？　捕手・石丸と走者・星子、2人が祈るように球審を見上げる。松山商ベンチも、熊本工ベンチも。判定は……アウト、アウトだ！　星子は、まるで信じられないものがあるように、ミットを見つめるだけだった。スリーアウト！　やったやった、やったぞ矢野！　何百分の一かの確率でアウトにできるとしたらここしかないという、針の穴を通すようなバックホームだった。全員が、まるで優勝したかのようにベンチに戻る矢野を取り囲む。ベンチでは、ふだんは怖い怖い存在の澤田が出迎えてくれた。「練習ではミスを繰り返していたのに、最後の最後にこんなプレー。あんたはエライ、というしかないですよ。もしかすると、きちんと肩をつくらせていたら大暴投だったかもね（笑）」（澤田）。いま思うとおそれ多いが、矢野も澤田に抱きついた。それほど、自分のやったことに興奮していた。矢野の回想。

「打たれた瞬間は、ホームランかと思いました。それほどいい当たりだった。だから僕は目線を切って、フェンス際まで背走したんです。それが振り返ると、えらく浜風

今も伝説として語り継がれる、絶体絶命からの「奇跡のバックホーム」。三走・星子崇の足はわずか5センチ届かず、タッチアウト

に押され、戻されていた。犠牲フライになるのはしょうがないけど、前に落としたら大変なことじゃないですか。とりあえず捕らな！　と、今度は必死に前に出るわけです。距離にして、10メートルくらいは戻ったんじゃないですか。それで結果的に、バックホームするのにちょうどいい体勢になった」

9回には、松山商が目の前の優勝を手にしそこねた。そして延長10回、熊本工が取り逃がした。それも、いずれも何年かに1度のビッグプレーによってである。熊本工のだれもが勝ちを、松山商のだれもが負けを確信したゲームを振り出しに戻すバックホーム。放たれた奇跡の矢の軌跡は、いったんは熊本工になびいた勝利の女神を心変わりさせるのに十分な美しさを持っていた。野田はいう。

「考えられないですよ、あのアウトは。神業です。あそこで、僕たちの時計は止まりました。わけがわからなくて、しばらくだれ一人守備につこうとしないんです。ようやく守備についたときには、これは点を取られると思いましたね。それまではネット裏を中心に、スタンドの応援がきれいにまっぷたつだったんです。一塁側が熊工、三塁側が松商と、拍手もくっきり分かれていた。それが……あのビッグプレーのあとは、熊工アルプス以外はスタンドすべてが、松商に肩入れしている。僕たちは球場全体に飲み込まれているみたいで、この流れは止めることはできないと思いましたね」

絶体絶命の窮地を脱した者が流れをつかむ甲子園の定理。11回表、今度は松山商が矢野の二塁打からチャンスをつかむと、一気に3点。この初回以来の得点が、熊本工に残っていたわずかな気力の蓄えを一掃した。松山商、27年ぶり5度目の優勝——。

いまビデオを見直しても、あと5センチ、星子の足が先に届いていたら、というタイミングだ。瑕疵《かし》は、いくつかある。サヨナラのランナーとして、星子が十分以上にスタートで慎重になったこと。スライディングの方向指示がなく、フックスライディングでタッチを避けられなかったこと。だがそれよりなにより、100回のうち1回成功するかどうかの、矢野の神業をほめるべきだろう。監督だった田中も、すでにいまは亡い（06年没）。

あと5センチ……「あれは、セーフじゃなかと？」。熊本では、盛り場のあちこちで悔しまぎれの会話が交わされた。だが、野田はいう。足が入ったように見えますが、アウトです。すばらしい判定だと思いますよ。100人が100人セーフだと思うところをアウトというには、よほどの確信があったはずです——。

野田は、明治大からトヨタ自動車でプレーを続けた。04年まで在籍したトヨタ時代、都市対抗には4回、日本選手権には3回出場したが、優勝とは縁がなかった。高校時代を含め、小学校から社会人までの野球人生で、全国優勝の経験は1度もない。さらに。春夏合計で3回以上、甲子園の決勝に進んだのは全国に36チームあるが、そのうち1度も日本一になっていないのは熊本工だけだ。優勝まで、あとわずか5センチ。06年秋から、家業のかたわら母校のコーチを務める野田は、いまもそのわずかな距離を追い求めている。

それにしても……矢野はこう振り返った。「もう1度やれ、といわれてもできません。ただ、あのバックホーム、松商の練習なら、きっともう1度やり直しですよ」。

知らなかった。優勝を決めたといってもいい、甲子園史上もっとも美しいバックホームが、〝やり直し〟だったとは。確かに、軌道が上向きすぎる。だけどまあ、いいじゃないか。いつも練習でいわれていたように「オマエが決めたら終わり！」だったのだから。

其の七

1998年 横浜（神奈川）

松坂大輔を覚醒させた3連戦

横浜・松坂大輔

横浜、絶体絶命……

「ホンマ、松坂君のためにあった大会でしたね。持って生まれたもんもあるし、努力もしているんでしょうが、どんな星の下に生まれたら、あれだけのことが起きるのか……」

当時、京都成章（京都）を率いていた奥本保昭（現・塔南〔京都〕監督）はそういった。1998年の第80回全国高校野球選手権大会は記念大会で、55校が出場して17日間、引き分け再試合を含めて史上最多の55試合が行われたが、クライマックスは最後の3日だ。準々決勝が、PL学園（南大阪）との延長17回の名勝負。準決勝の明徳義塾（高知）戦が0対6から残り2イニングでの大逆転。そして決勝が、京都成章にノーヒットノーラン。〝どんだけの星の下に生まれたら〟ここまで胸を揺さぶる試合ができるのか……横浜・松坂大輔が演じる、優勝へのドラマチックなトリロジー＝3部作である。

8月20日。出番を待ちながら見つめるモニターテレビが、準々決勝第1試合・横浜対PLを映し出している。明徳の監督・馬淵史郎は、甲子園の室内練習場でほくそ笑んでいた。ウチが準々決勝を勝ち、翌日の準決勝でもしこの試合の勝者と当たったら、いずれにしても激しい延長を戦ったあと。有利だ……。結局第1試合に勝ったのは、横浜。明徳も、春の準優勝校・関大一（北大阪）を粉砕して、4強進出を決めた。

翌21日の準決勝は、明徳と横浜の対戦。馬淵は「松坂がおらんと面白うない」と内心物足りなかったが、松坂の先発回避は当然だった。前々日には星稜（石川）相手に148球、PL戦で250球を投げている。

何年に1人、という球界の逸材を、ここでつぶすわけにはいかない。この夏は、「(横浜・渡辺元智）監督から大会前に、4連投はさせない（つまり、この日も投げて勝つと、決勝が4連投目になる）といわれていた」と、西武ライオンズ在籍時代、松坂に話を聞いたことがある。松坂は、レフトに入った。

寺本四郎（元・ロッテ）、高橋一正（元・ヤクルト）という、のちにいずれもプロ入りする投の2枚看板と強力打線で、明徳はここまで力強く勝ち上がってきた。4試合の平均得点が7点強で、打率は4割近い。百戦錬磨の黒潮打線には袴塚健次、斉藤弘樹という横浜の2人の2年生投手では、いかにもシリが青い。8回表まではまったく明徳のペースで、藤本敏也の夏の甲子園史上4人目のサイクル安打など、14安打6得点。5回には藤本、谷口和弥と、1イニング2ホーマーも飛び出していた。いずれも、レフトを守る松坂の頭上を越えるものだった。

一方の横浜には、8回表まで、とりたてていうべきこともない。超高校級の身体能力を持つ寺本に牛耳られ、7回まで3安打7三振。三塁を踏んだのは1度だけで、チャンスらしいチャンスさえなかった。特記事項があるとすれば2回、谷口のヒットを処理したレフトの松坂が、二塁へ目の覚めるような送球をしたこと。この送球を目にした横浜の監督・渡辺は、正念場では、松坂をマウンドに上げることを頭の隅にメモしている。あるいは横浜5回の攻撃。二死から、松坂が三塁側ブルペンに入って肩慣らしをしたこと。それくらいだ。

前日、胸を熱くする戦いを演じたPL・上重聡は、宿舎を引き払って実家に帰る途中に入ったお好み焼き屋で、横浜が大差で負けていることを知った。どこか連帯感すら持ったきのうの名勝負の相手が、うろたえているサマは見たくなかった。大切な思い出の価値が、色あせるような気がしたからだ。上重は、早々にお好み焼き屋を引き上げた。8回表終了時点で0対6。いかに野球は筋書きのないドラマとはいえ、結末はほぼ、見えている。

だが不思議なことに横浜ナインには、負ける、という気はなかった。

「レフトの守備につくとき、センターのシゲユキ（加藤重之）と話しましたが、点差が広がっても〝まだいけるだろ〟という感じでした」というのは松坂だ。そして――8回表までが明徳の試合だとしたら、ここからは横浜の試合になるのである。プロローグは、渡辺の語りかけだった。「6点差だが、可能性のある限り、残り2イニングを楽しもうじゃないか。このまま無抵抗では、せっかくのすばらしい試合がかすんでしまうぞ」。せっかくのすばらしい試合――前日のPL戦のことだ。

第1部＝延長17回の死闘

ちょっとVTRを巻き戻してみる。この大会の焦点は、松坂を擁する横浜の春夏連覇なるか、に尽きた。センバツでは5試合すべて完投、45回を投げて43奪三振、防御率0・80で優勝を飾った平成の怪物は、夏になるとますますスケールアップ。柳ヶ浦

（大分）、鹿児島実（鹿児島）、星稜の3試合を自責点0。涼しい顔で乗り切り、ベスト8に進んでいる。一方のＰＬは、センバツ準決勝で横浜に敗れて以来、打倒横浜を合言葉に、もう1度横浜と対戦したい、と豊富な練習をこなしてきた。そして、準々決勝で再戦が実現したわけだ。松坂の回想。

「このＰＬ戦は、あの夏のなかで1番立ち上がりが悪かったたですね。前日に星稜戦を投げて、翌日の第1試合じゃないですか。なかなか眠れなくて、ようやくウトウトしたのは2時かそこら。起床は、たぶん4時半です。そんな睡眠時間でしたから、朝起きて、体を動かすのがしんどかった」

7回から松坂と投げ合うことになるＰＬ・上重は初回、ダグアウトから自軍の攻撃を見て、アレッ？　と思った。3者凡退に終わってはいるが、これはいけるぞ、と。センバツで対戦したときには、「こらぁ、すごい!!」と松坂に畏怖《いふ》の念すら抱いたが、そのときほど威圧を感じない。1度対戦して免疫ができたのか、それとも打力が向上したのか、松坂の調子が悪いのか。いずれもであっただろう。2回、打線がその松坂をつかまえ、犠打野選に連続タイムリーなどで3点。ＰＬ打線は、春とは比べものに

☆1998年度 第80回 全国高校野球選手権記念大会☆

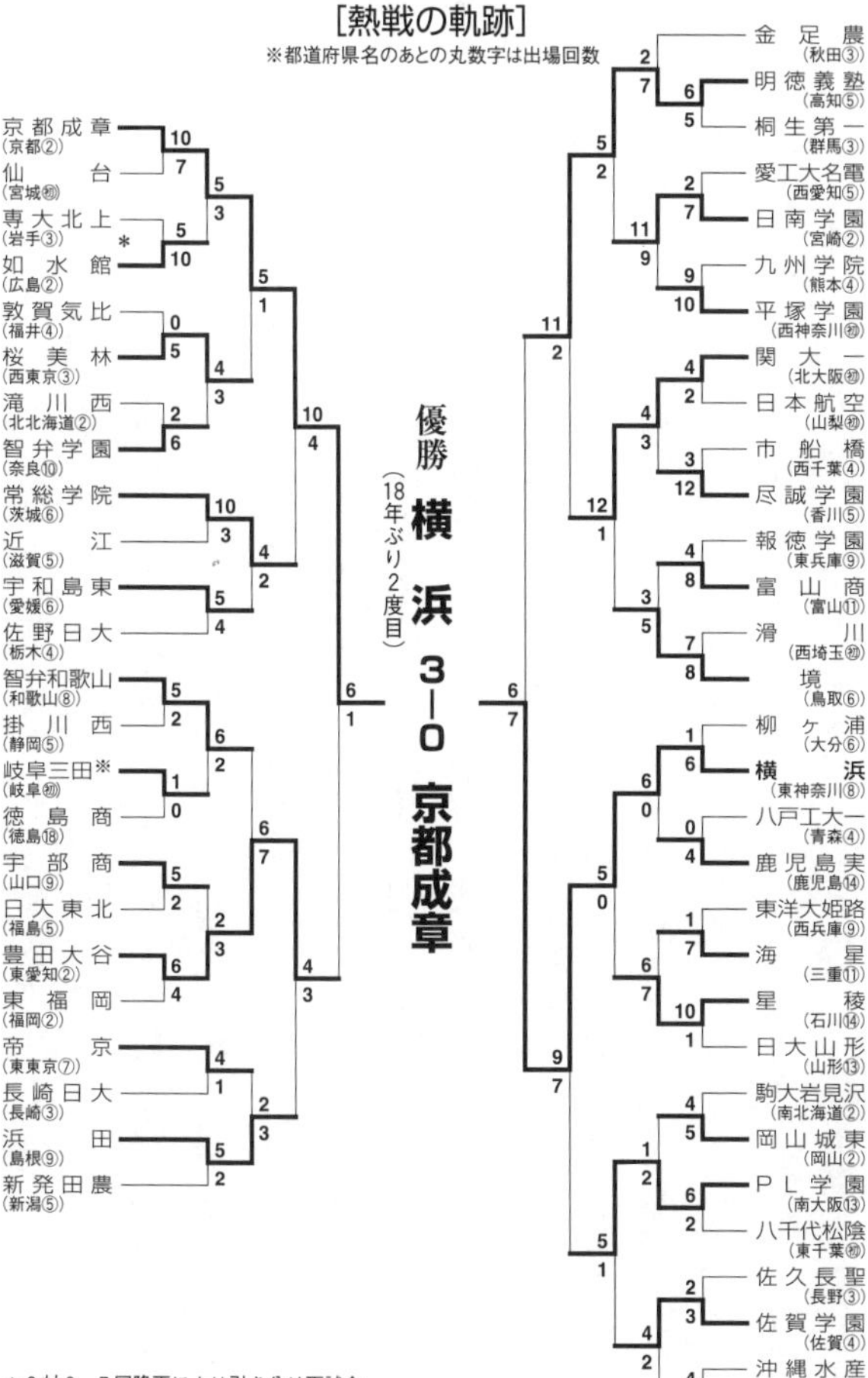

＊8対8、7回降雨により引き分け再試合
※岐阜三田＝現・岐阜城北

ならないな——と首をかしげる松坂。春夏の甲子園9試合目にして、早くも1試合のワースト失点を超えた。

だが横浜の打線も、春に比べると大きく成長している。PLの左腕・稲田学の立ち上がりは3回までノーヒット、0点と上々だったが、捕手の石橋勇一郎は脅威を感じていた。一番から九番まで、まるで切れ目がない……。4回、小山良男（元・中日）が内角のストレートをレフトスタンドに運んで2対3。その裏PLは、井関雅也のタイムリーで1点を追加するが、5回の表、横浜は下位打線の3連打で2点。これで4対4。7回裏、PLが1点を勝ち越すと8回、横浜もすかさず小山が同点打。9回は両チームとも3者凡退で、極上のドラマは延長という第2幕に入っていく。試合開始から、ちょうど2時間になろうとしていた。発表された入場者数は4万3000人だが、それ以後も詰めかけた観客が、ごくりと固唾をのんでグラウンドを見つめている。

やっぱりバケモノ……。ピッチャーの常識外とPL打線が目を丸くしたように、松坂はむしろ、回が進むほどスピードが増していくようだった。11回の表裏に1点ずつが入ったが、12回から15回までは、打者12人をパーフェクトだ。驚異的なスタミナ。

横浜高校

1998年度 第80回全国高校野球選手権大会
全成績

●決勝

京都成章	0	0	0	0	0	0	0	0	0	0
横　浜	0	0	0	1	1	0	0	1	X	3

[本塁打](横)松本

【京都成章】		打数	得点	安打	打点
(遊)	澤　井	4	0	0	0
(右)	田　坪	2	0	0	0
(一)	田　中	4	0	0	0
(捕)	吉　見	3	0	0	0
(左)	橋　本	2	0	0	0
(投)	古　岡	3	0	0	0
(三)	三　冨	3	0	0	0
(中)	林　良	3	0	0	0
(二)	林　彰	3	0	0	0
	計	27	0	0	0

[残塁]3 [犠打]0 [併殺]0 [失策]0

【横浜】		打数	得点	安打	打点
(中)	加　藤	4	0	1	0
(二)	松　本	3	1	2	1
(一)	後　藤	4	0	0	0
(投)	松　坂	4	1	2	0
(捕)	小　山	2	0	1	0
(右)	小　池	3	0	0	0
(三)	斉藤清	4	1	2	1
(左)	堀	2	0	0	0
左	柴	1	0	0	0
(遊)	佐　藤	3	0	1	1
	計	30	3	9	3

[残塁]8 [犠打]3 [併殺]1 [失策]0

投手		回数	打者	被安打	奪三振	与四死球	自責点
(京)	古　岡	8	35	9	5	2	3

投手		回数	打者	被安打	奪三振	与四死球	自責点
(横)	松　坂	9	30	0	11	3	0

●準決勝

明徳義塾	0	0	0	1	3	1	0	1	0	6
横　浜	0	0	0	0	0	0	0	4	3X	7

[投—捕](明)寺本、高橋、寺本—津呂橋
(横)袴塚、斉藤弘、松坂—小山
[本塁打](明)藤本、谷口

●準々決勝(延長17回)

横　浜	0	0	0	2	2	0	0	1	0	0	1	0	0	0	0	1	2	9
PL学園	0	3	0	1	0	0	1	0	0	0	1	0	0	0	0	1	0	7

[投—捕](横)松坂—小山 (PL)稲田、上重—石橋、田中雅
[本塁打](松)小山、常盤

●3回戦

星　稜	0	0	0	0	0	0	0	0	0	0
横　浜	1	0	2	0	2	0	0	0	X	5

[投—捕](星)米沢—柳瀬 (横)松坂—小山
[本塁打](横)小池

●2回戦

鹿児島実	0	0	0	0	0	0	0	0	0	0
横　浜	0	0	0	0	0	1	0	5	X	6

[投—捕](鹿)杉内—森山 (横)松坂—小山
[本塁打](横)松坂

●1回戦

柳ヶ浦	0	0	1	0	0	0	0	0	0	1
横　浜	0	1	0	0	1	0	0	4	X	6

[投—捕](柳)大崎—中野 (横)松坂—小山

横浜には、通称〝長浜ダービー〟という、練習締めのランニングがある。ホームからスタートし、外野フェンス沿いをまわって決められた時間でホームに戻ってくる。これを何周かこなさないと、練習は終わらない。松坂は投手用メニューで個人ノックを受けたり、ランニングをこなしているのに、ほかの野手以上のスピードでこのダービーをこなす。松坂はいう。

「ＰＬは春、自分たちに負けているので、今度はどうしても勝ちたいというのが投げていてわかりました。でも明らかに僕、延長に入ってからのほうが調子がよかった。エンジンがかかって、延長15回に１４７キロでしょう、やっと目が覚めた（笑）。でもそれが、逆によかった。前半飛ばして後半落ちていったら、もっと点を取られて、9回で終わっていたでしょうね」

16回の表にも横浜が勝ち越したが、ＰＬはその裏、神かがり的な粘り腰で同点。甲子園は、この希有《けう》の名勝負が終わってしまうのを、どこか先延ばしにしたがっている。選手たちにも、奇妙な連帯感が芽生えていた。こんないいゲームをしているんだから、どっちが勝っても負けても、最後は女神のさじ加減にまかせるしかない。その勝敗の天秤が、攻守交代ごとに大きく傾いていく。そして17回。

「16回に追いつかれてベンチに戻り、〝ああ、オレはなにやってんだろ、18回引き分け再試合かな〟と沈んでいるとき、常盤（良太）がポンと肩をたたくんです。〝オレが絶対打ってくるから〟と。これはホントなんですよ。それが、簡単にツーアウトになったあと、柴（武志）がエラーで出るでしょう。本来なら回るはずのない打順が、常盤に回ったわけです。そのことに、巡り合わせみたいなものを感じましたね」

柴の打球は、ショート・本橋伸一郎へのイージーバウンドだ。だが、その送球が高くそれる。チェンジのはずが、二死一塁。ネクストバッターズサークルにいた常盤に、回るはずのない打順が回ることになった。この常盤は小池正晃（現・中日）、小山、後藤武敏（現・埼玉西武）、松坂とともに、シニア時代全日本に選ばれた逸材だ。だがセンバツでは、背番号14。1回しか打席に立っていない。夏は背番号5をつかみ取り、相手投手が右ならスタメンに昇格していた。この試合でもピッチャーが左の稲田から上重に代わったあと、延長11回に代打で登場し、そのまま守備についている。延長16回にはヒットで出て、一時は勝ち越しのホームを踏んでもいた。「センバツは、チームは優勝したけど、僕自身出番がなかったんで、うれしさも半分でした。今回は、ホームランを打つのが夢なんです」。大会期間中、そう話してくれたのを覚えている。

二死で、エラーの走者が一塁。PLには、慎重を期してタイムを取る選択肢もあった。だが上重は、ことさら意識したくないと、そのままプレーを続けることを選んだ。松坂は、三塁側ブルペンでその裏の投球に備えてキャッチボールをしている。PLベンチで監督の河野有道が「初球だ、初球に気をつけろ」と叫んだ、その初球だった。外角いっぱいのストレート。金属音が響いた。打球は、右中間方向に飛んでいく。風は浜風。逆風である。松坂には瞬間、客席の白いシャツに重なり、ボールが見えなかった。だが、球場がどっと沸いて、ホームランだと気がついた。

「1点だったらまだわかりません。現に延長に入ってから、2度追いつかれています。だけど2ランですから、これはとどめだろう、と。それにしてもほんとうに常盤がいったとおりになるのは、やっぱり、野球には流れというのがあるんですね。そして17回の裏、最後の打者を打ち取ったとき、急に〝ず〜ん〟という脱力感が出てきたんです。ガッツポーズをする余力さえ残っていませんでした。投げている間はずっと気を張っていたんで、体のなかに力がみなぎり、しんどい、ということもそれほどなかったんですが、やっと終わったというので、たちまち気が抜けたんでしょうね。（PLの）上重は、延長引き分けじゃなく、決着がつくまでいつまでもやっていたいな、と思っていたようですが、僕は思っていないっす（笑）。正直、早く終わりたいな、と」

確かに。私のスコアブックには、こうメモが書いてある。延長17回、PL学園70人目の打者・田中雅彦（現・千葉ロッテ）を、外に逃げるスライダーで見逃し三振に取ったあとだ。球数にして250球目、『松坂、ガッツポーズの余裕なし』。

第2部＝0対6からの大逆転

さて、明徳対横浜の8回裏だ。横浜は、先頭の加藤が相手のショート・倉繁一成のエラーで生きる。二番・松本勉が一、二塁間を抜く。後藤、松坂も単打で続いてまず2点。ここで明徳監督・馬淵が動いた。好投の寺本から高橋へのスイッチ。明徳の継投パターンだ。2回戦の金足農（秋田）戦でねんざした寺本の右足首は限界に近いし、センバツで寺本を続投させて敗れた残像も馬淵にはあった。だが、継投した高橋も踏ん張りきれずに自らの暴投などもあって2点を奪われる。これで6対4。結末が見えていたはずのゲームが、にわかに緊迫してきた。

そして9回……三塁側ブルペンから、松坂がマウンドに上がる。場内アナウンス前にそれに気づいたスタンドからは、期せずしてコールが起こった。

「マ～ツザカ！　マ～ツザカ!!　マ～ツザカ!!!」

最初は小さかったその声は、すり鉢状のマンモスに反響して増幅していく。まるで黄門様が印籠を取り出したような、待ってましたというキメの場面だ。松坂は四球を1個与えたものの、明徳のクリーンアップを入魂の15球で料理し、大コールに応えた。

その裏、横浜の攻撃――。

「2点の差があると、守る側としては〝まだ2点もある〟という感じでしょうが、明徳にはそれがなかったですね。逆に僕らが勝っているような、そんなムードでした」と松坂はいうが、マウンドの高橋もそのムードに飲まれていた。「あの感覚、いまでも真っ先に思い出します。自分たちは、松坂の引き立て役なんじゃないか……という感じ」。こうなると流れは完全に横浜である。なにしろ、印籠を出してしまっているのだから。申し訳ないが、勧善懲悪ドラマの共演者としては、明徳ははまり役だった。佐藤勉が初球をライト前へ、加藤がセーフティーバントを決め、松本のバントは犠打野選を誘う。いずれも初球、たった3球で無死満塁だ。

ここで、前日まで攻守ともに精彩を欠いた後藤が意地の同点タイムリー。一塁の守備に入っていた寺本がふたたびマウンドに立ち、二死を取ったあと、柴のハーフライナーは明徳の二塁手・松元政樹のグラブの先に落ちた。三塁から松本が、はしゃぐ子犬のようにホームインし、大逆転劇が完了する。「勝てる試合に負ける、負ける試合に勝つのが野球やな」と明徳・馬淵がうめけば、「野球人生で、考えられないような試合が2日続けて起きるなんて……」と横浜・渡辺が目をうるませた。

だが……〝考えられないこと〟は、2日連続では済まなかった。

第3部＝ノーヒットノーランで春夏連覇

トリロジーの第3部は翌日、京都成章との決勝戦。試合開始の1時間以上前にはチケットはすべて売り切れ、5万5000人の大観衆が甲子園を埋め尽くした。成章は実はセンバツ初戦で、屈辱的な大敗を喫している。岡山理大付（岡山）に、2対18。その情けなさを晴らすには、夏、ふたたび甲子園の土を踏むことが目標だった。初戦、仙台（宮城）に9回7点差を3点差に詰められながらもなんとか逃げ切り、初めて校歌を歌うと自信を得た。勢いに乗った。2種類のカーブを絶妙に投げ分ける左腕・古岡基紀の踏ん張りで、決勝戦まで進出する。

先攻は成章。前日は1イニングしか投げていないが、延長17回からの中1日だ。さしもの松坂も、さすがに疲れを感じていた。制球、スピード、ともに本調子じゃない。先頭の澤井芳信が、初球ボールのあとの2球目を強振した。サードに痛烈な打球が飛ぶ。この日先発でサードに入った斉藤清憲が、これを体を張って止め、はじいたボールを落ち着いて一塁へ。成章・奥本がいう。「先頭の澤井があいういい当たりをするから、まさかノーヒットノーランとは……」。だが皮肉なことに、これがいい当たりだったからこそ、松坂は生き返った。

「立ち上がり、いきなり澤井にいい当たりをされて目が覚めましたね（笑）。ふつうは三振を狙って取りにいったりするんですが、そんな甘いもんじゃないな、と。おそらく初めてじゃないですか、きょうは打たせていこう、と思った試合は」。

その後松坂は、制球に苦しんで二番・田坪宏朗を歩かせながら、続く田中勇吾を併殺にとって初回を切り抜けた。

一方の古岡も、4連投とは思えない立ち上がりだ。横浜の強力打線を、3回までパーフェクト。ブレーキ鋭い2種類のカーブに、横浜の打者はなかなかマトが絞れない。試合が動いたのは、4回裏だ。「あの子だけはホームランはない」と、渡辺・奥本がともに踏んでいた二番・松本が、その計算外の先制ホームランをレフトに運ぶのである。ストレート、ストレート、カーブのあとの4球目。捕手・吉見太一(元・西武)のサインは、内角直球だった。それを察知してショートの澤井は、引っぱりに備え三塁側にちょっと動いた。球種、コース、打者のクセを頭にたたき込んでいたからこその、高度なプレーだ。

ただそれが、ほんの一瞬早かった。澤井のその動きを視野にとらえた松本は、内角ストレートと読み切り、二握り余らせたバットを思いきり一閃。低い弾道のライナーが、最短距離でレフトスタンドに飛び込んだ。澤井のプレーも高度だが、一瞬の動きさえ見逃さない松本のそれはさらに上をいっていた。「高校生活初のホームランです。自分が打っちゃって、ありゃ、びっくりという感じ」。ウチが先に点を取ればおもしろいかも……とはじいていた奥本のそろばんは、ご破算になった。

奥本は自分を、〝マイナス思考な人間〟という。仙台に勝って念願の初校歌は歌ったものの、続く対戦相手は如水館（広島）、桜美林（西東京）、常総学院（茨城）、豊田大谷（東愛知）。いずれもビッグネームか、熟練監督のチームである。つねに「むちゃくちゃいかれるやろうな」と思いながら、采配をとっていた。準々決勝以降は、なるべく横浜と当たらんでくれと願い、抽選の結果がそのとおりになると、横浜の対PL戦、対明徳戦は傍観者だった。だから、まさかウチが決勝で横浜と当たるとは……というのが正直な気持ちだった。

打たせてとるピッチングに切り換えた松坂は、5回、スコアボードを見て気がついた。「あれ？　まだヒットを打たれていないぞ、ノーヒットノーランだぞ、と。でもその時点では、どこかで打たれるだろうと思っていました。だいたい、ポテンヒットとかボテボテの内野安打とかがあるものですからね」。

延長17回の表、PLとの死闘にピリオドを打ったのは、途中出場の七番・常盤良太。右中間スタンドに2ランホームランを叩き込む

その裏、横浜の攻撃。ヒットで出た斉藤清を堀雄太が送り、佐藤の打球はフラフラとセカンドの後方に上がる。これを、突っ込んできたライトの田坪がいったんグラブに入れるが、前にこぼしてしまった。その間に斉藤清がホームイン。2、3点あれば勝てる、と踏んでいた渡辺にとっても、1点のままだったらまだわからないと考えた奥本にとっても、大きな1点が入った。だいたい横浜打線というのは、相手が左投手のとき、打順の二回り目以降に本領を発揮してくる。鹿児島実の杉内俊哉(現・福岡ソフトバンク)、PLの稲田、明徳の寺本……そして、この日もそうだった。

依然続く松坂のノーヒットを、守備も盛り立てた。6回は三振、三振、ファーストゴロ。後藤がゴロをはじくが、松坂の俊敏なベースカバーで事なきを得た。7回。澤井のむずかしいバウンドのショートゴロを佐藤が軽快にさばき、三振、振り逃げのあとは、松本がすばやいフットワークで回り込み、セカンドゴロを刺した。

松坂がノーヒットノーランをやってやる、と意識したのはこのときだ。「あの二遊間は、プロのレベルでしたね」。プロの世界に身を置いてからも、松坂はそう思っていた。横浜の守備のレベル、そこまで高い。

一方の成章ベンチは、回が進むにつれて濃密になる異様な空気に、息苦しさを感じていた。「ノーヒットノーランを期待するお客さんの歓声や拍手で、ダグアウトが地響きするんですよ。甲子園の、目に見えないああいう力からは、逃れられんようになる。選手たちには悪いが、ウチが勝ったらまずいようなムードでしたね」(奥本)。

8回の成章の攻撃。先頭の橋本重之が、四球を選んだ。振り逃げ以外でランナーを出したのは、初回以来のことだった。すかさず横浜ベンチから、鳥海健次郎が伝令に走る。内野陣がマウンドに集まり、その輪が解けるときだ。「ショートの佐藤が『(ノーヒットノーラン)やっちゃえよ』というんです。僕は『いうなよ、そういう大記録って、口にしたらできないもんだよ』と返しましたけどね」(松坂)。そういう会話も、野手の緊張をほぐす効果があったかもしれない。その後も、ファーストの後藤がはじいたゴロを松本が機敏にバックアップするなどの好守備が出る。どれかひとつくらい、セーフといってくれてもよかったのに……奥本は、ため息をついた。

8回の裏に横浜が1点を追加し、春夏連覇とノーヒットノーランが見えた9回二死一塁。打席には三番・田中が入った。松坂は、最後は三振で、と小山と決めていた。

相手は主軸、不足はない。カウント2ボール2ストライクからの5球目。外に逃げるスライダーに、田中のバットは大きく空を切った。スライダーを狙っていたからこそ、ボールになるタマにも思わず手が出てしまった。天を仰ぐ田中。松坂はその瞬間、ノーヒットを確かめるようにスコアボード方向を向き、PL戦では忘れていたガッツポーズで夏を締めた。松坂は、こう振り返っている。

「PL戦は、3時間37分ですか。前日に負けた帝京（東東京）に、木村（勇夫）という江戸川南シニア時代の仲間がいました。甲子園から帰京する新幹線に乗るときに試合が始まり、東京の家に帰ってテレビをつけたらまだやっていたそうです。それだけ長い（笑）。友人は、この試合のビデオを見たいというんですけど、僕は見たくない（笑）。自分の野球人生で1番苦しかった試合で、苦しい場面ではとにかく、〝まだ明日もある、明日も投げてやる〟と言い聞かせていました。それにしても……長い夏でした。ただ、この高校最後の3試合は、見ていた人の記憶に残ってくれるでしょうね」

もちろん。見ていた全員の記憶に残っている。

其の八

2002年 明徳義塾（高知）

松井秀喜5連続敬遠の10年後

悲願の初優勝・明徳義塾

起死回生が続くVロード

〝寮長〟が、人目もはばからず涙を流した。2002年、第84回全国高校野球選手権大会の決勝も9回二死。リードは5点。智弁和歌山（和歌山）最後の打者・馬場優司の打球を、明徳義塾の1年生サード・梅田大喜が慎重に処理して、一塁へ送る。山口秀人のミットがスパンと心地いい音を立てたときには、もうショート・森岡良介（現・東京ヤクルト）の視界は涙で曇っていた。キャプテンとして、野球部員118名が共同生活する〝青雲寮〟の寮長も兼ねる森岡。大阪の実家を離れ、楽しさも苦しさも仲間と共有してきた2年半。そのあれやこれやを思うと、たまらなくなった。

「みんなでつかんだ優勝なんで……県大会でも、常総学院（茨城）戦でも、いったんは負けを覚悟したんで……野球ができる喜びを感じながらプレーできました」

インタビューでも、声がうまく出てこない。いったんは負けを覚悟した……この年の明徳のVロードは、そこからスタートしている。センバツで8強、春の四国大会も制し、絶対的本命として臨んだ高知県大会。だが準々決勝の岡豊戦は、同点の8回には一死三塁、最終回に無死満塁という絶体絶命の大ピンチ。ここを綱渡りで切り抜け、

☆2002年度 第84回 全国高校野球選手権大会☆

[熱戦の軌跡]

※都道府県名のあとの丸数字は出場回数

延長12回に勝ち越して九死に一生を得ている。今回は、甲子園に来られただけで幸せや……顔を合わせたとき、馬淵史郎監督の口をついて出たのはホンネだったろう。

5年連続9回目の夏。だが「来られただけで幸せ」の馬淵は一方で、手応えを感じてもいた。このチームには、不思議な運がある。センバツで福井商（福井）に敗れて以来再び甲子園に来るまで、明徳は練習試合と公式戦合わせて53試合行ったが、引き分けがひとつあるだけで、すべて勝っているのだ。事実明徳は、投手力、走塁を含めた攻撃力、そして守備力が、すべてバランスよく充実していた。

まず見せつけたのが、投手力と走力。酒田南（山形）との1回戦では、エース田辺佑介が5安打の完封劇。センバツ以後、上半身のトレーニングを徹底した。ベンチプレスが10キロほどアップした。テークバックで右腕を下におろすフォームに改造し、球威が増した。01年夏、02年春に続く3度目の甲子園で、ニュー田辺のお披露目だ。足で見せたのは、センターの山田裕貴。前年秋の四国大会で左手を痛めながら、甲子園のために手術を延ばし延ばしにしてきたこともあって、高知県大会は打率2割を切る絶不調。「なんとか足で貢献したい」と、3回には振り逃げで二塁まで達する。三進

明徳義塾高校

2002年度 第84回全国高校野球選手権大会
全成績

●決勝

智弁和歌山	0	0	0	0	1	0	0	0	1	2
明徳義塾	0	0	1	2	0	0	4	0	X	7

[本塁打](智)岡崎 (明)田辺、山口

【智弁和歌山】		打数	得点	安打	打点
(左)	嶋田	4	0	0	0
(二)	堂浦	3	0	1	0
二	森川	0	0	0	0
(一投)	本田	4	0	1	0
(捕)	岡崎	3	1	1	1
(三)	西村	3	0	1	0
(中)	北野	3	1	0	0
(右)	馬場	3	0	0	0
(遊)	上野正	3	0	2	1
(投)	田林	0	0	0	0
打一	角谷	1	0	1	0
計		27	2	7	2

[残塁]5 [犠打]4 [併殺]0 [失策]0

【明徳義塾】		打数	得点	安打	打点
(中)	山田	3	1	1	0
(左)	沖田	3	1	2	2
(遊)	森岡	4	1	1	2
(捕)	筧	3	0	0	1
(投)	田辺	2	1	1	1
(三)	梅田	4	0	1	0
(一)	山口	4	1	1	1
(右)	泉元	4	1	1	0
(二)	今村	3	1	2	0
計		30	7	10	7

[残塁]6 [犠打]4 [併殺]2 [失策]0

投手		回数	打者	被安打	奪三振	与四死球	自責点
(智)	田林	7	34	10	4	3	7
	本田	1	3	0	0	0	0

投手		回数	打者	被安打	奪三振	与四死球	自責点
(明)	田辺	9	34	7	6	3	2

●準決勝

川之江	1	0	0	0	0	0	0	0	0	1
明徳義塾	2	0	2	0	3	2	0	1	X	10

[投一捕](川)鎌倉、武村一高井雄
(明)田辺、鶴川一筧
[本塁打](明)森岡

●準々決勝

広陵	0	0	0	0	0	0	0	2	0	2
明徳義塾	0	0	0	1	0	3	0	3	X	7

[投一捕](広)西村、重森、岩崎一藪根
(明)田辺一筧
[本塁打](広)黒川

●3回戦

常総学院	1	0	0	0	2	0	1	2	0	6
明徳義塾	0	3	1	0	0	0	0	3	X	7

[投一捕](常)内田、飯島、磯部一島津
(明)田辺一筧
[本塁打](常)三浦 (明)沖田、森岡

●2回戦

青森山田	0	0	1	1	0	1	0	0	0	3
明徳義塾	2	1	1	3	0	1	1	0	X	9

[投一捕](青)笹川、山田一大科
(明)田辺、鶴川一筧
[本塁打](青)金井2 (明)梅田、山田

●1回戦

明徳義塾	0	0	1	0	0	0	1	1	2	5
酒田南	0	0	0	0	0	0	0	0	0	0

[投一捕](明)田辺一筧
(酒)小林、伊藤一塚部

後は森岡のピッチャーゴロでいったん帰塁し、ピッチャーが安心して一塁に投げた瞬間にホームに突入するというスキのなさ。結局この試合、適時打は1本もなかったが、7つのバントと足を絡めた5得点で、初戦を突破する。明徳はこれで、春夏合わせて甲子園初戦14連勝（当時、新記録）、夏に限れば初出場以来の9連勝をマークした。

2回戦は、1年生の梅田、そしてケガをこらえての山田の一発などで9対3と青森山田（青森）を一蹴。明徳にとっての、甲子園通算30勝目だった。だが、3回戦。またも、「いったんは負けを覚悟」することになる。

常総学院との対戦、4対4の8回表の守備。二死から三塁打を浴び、勝ち越しの2点を許すのだ。その裏、明徳の攻撃も、下位打線が凡退して簡単に二死になる。一番・山田の打球も、なんでもないサードゴロだ。チェンジか……。馬淵がそう思った瞬間だ。山田の足を意識したのか、相手サード・横川史学（現・東北楽天）の送球が低く、山田が一塁に生きる。打席に入ったのは、2年生の沖田浩之。馬淵は回想する。

「2点差になったゆうても、まだこれから……と思っとったね。まだ（森岡）良介の打席も残っとったし、負ける気はしなかった。センバツで福井商に負けてから夏に甲子園に行くまで、52連勝ですわ。川之江（愛媛）との練習試合では、9回に7点差をひっくり返し、県大会でも岡豊戦、同点の9回裏無死満塁をしのいで勝ったり。そういう運のあるチームやった。もちろん、力もあったんよ。バランスいう点では、寺本（四郎、元・ロッテ）らのいた98年のチームよりも上やね」

常総の監督・木内幸男との相性もあった。98年、センバツで対戦したときは逆転勝ちしているし、同年の国体でも勝っている。国体のときは宿舎が同じだったから、心ゆくまで野球談義を楽しんだ。〝木内マジック〟ゆうても、あの人の地そのまんま。考え方がオレと似とるわ……だから手の内が読める。常総が初回に先制し、予想外の内田博之をこの大会初めて先発させてきてもあわてない。2回の集中打で、いったんはあっさり逆転しているのだ。終盤の2点差とはいえ、勝負はまだこれからだ……。

甲子園のかたき役

「どうしても、壁が破れん。なにかが足らんのじゃろうなぁ、なにかが」

98年の夏、松坂大輔のいた横浜（東神奈川）との準決勝。6点をリードしながら8、

9回で大逆転負けを喫して以来、馬淵から何度この嘆きを聞いただろうか。甲子園に出場するたびに優勝候補の一角に挙げられながら、優勝はおろか、なかなかチーム最高のベスト4すら超えられない。そのなにかとは、もしかしたら甲子園という〝場〟に同調し、味方にすることかもしれなかった。

愛媛県八幡浜市出身の馬淵は、三瓶高を出て拓殖大へ。卒業後は社会人で野球を続けようとしたが、チームが休部。「野球はやりきった」と無理やり未練を断ち切り、松山の鉄パイプ販売会社に就職するも「上司とそりが合わず、上司をなぐってすぐに辞めたよ」。プロパンガス会社に転職していた82年、運命の分かれ道がやってきた。高校時代の恩師・田内逸明が、復活する社会人野球の阿部企業の監督に就任し、マネジャー兼コーチとして強く誘われたのだ。今さら……と困惑したが、結局「1、2年、お手伝いを」と神戸に移った。だがその1年後、恩師が急逝。成り行き上、監督を引き受けざるを得なかった。その後、精力的な選手集めと指導で、弱小だったチームを強化し、86年には都市対抗でベスト8、日本選手権で準優勝を果たしている。

この準優勝を置きみやげに「もう義理は果たしたやろう。辞めどきや」と故郷に戻った。先輩が支社長をしている縁で、宅配便の運転手をしているとき、同じ田内の教え子というつながりから、当時の明徳監督・竹内茂夫に誘われ、練習の見学に出向く。社会人の監督時代に、明徳から選手を採用したという義理もあった。

「87年5月13日だと思う。車ひとつ、手ぶらで明徳に来たら、『もう帰らんでええ。テレビも布団も練習のユニフォームもあるから、明日から練習を手伝ってくれ』といわれて、それからずっとよ」。

どうやら、野球から離れられないように生まれついているらしい。監督に就任するのは、90年のことだ。それからすぐに91、92年と連続して夏の甲子園に出場しているが、この92年、物議を醸《かも》すことになる。そう、松井秀喜（星稜［石川］、現・アスレチックス）に対する、5打席連続敬遠である。

その詳細、馬淵に語らせるとなかなかおもしろいのだが、長くなるので残念だが省く。当時からゴジラといわれていた超高校級スラッガー・松井に対して、5打席とも敬遠し、明徳が3対2で星稜を振り切った試合だ。

馬淵がよく口にすることに、確率の問題がある。監督はギャンブルしたらいかん。

指揮官はつねに選択を迫られ、間違ったら全員が失敗する。たとえばヒットエンドラン。配球の過程、投手の性格やクセ、走者の走力、打者の能力などのさまざまなファクターから、成功する確率が高いカウントでサインを出す。勝つためには、当然のことだ。「高校生のなかに、1人だけ社会人が混じっているような」（馬淵）松井を敬遠する。勝つために確率が高い方法として、それも必然の策だった。平幕力士が知恵をしぼり、立ち合いに変化して横綱に勝ったとしても、だれも責めはしないだろう。

半面、立ち合いの変化は、相手に読まれたら万事休すである。同様に明徳は、失敗したらそれなりのしっぺ返しを食らうリスクを覚悟して、松井を敬遠した。現に、松井の敬遠で進んだ走者が、2回ホームを踏んでいる。けれどそれは「各チームは、相手チームより多くの得点を記録して、勝つことを目的とする」という、公認野球規則1・02に照らしても、なんら非難される選択ではない。それなのにこの5敬遠は、社会問題にまで発展した。思いもかけぬ物議を醸し、いわれのない批判を受け、学校にはカッターの刃が入った手紙が届く。馬淵は1度、辞表を出した。この騒動以来明徳はパタリと勝てなくなり、まるまる春夏3年間、つごう6季甲子園から遠ざかったときにも、2度目の辞表を出している。

「松井後遺症？　ひきずってないんやけどね、ワシは。それにしても、あそこまでの騒ぎになるとわかっていたら、敬遠はしなかったよ（笑）。敬遠が汚い？　それなら、バスターバントもピックオフプレーも汚いんか。野球には駆け引きがあるからこそ、力のない者が勝つこともある。力どおりに決まるんなら、試合前のフリー打撃とシートノックで勝負を決めたらええ。でも3年も甲子園に出られんときには、校長に辞表を持っていったんよ。ただ欲をいえば、もう1回甲子園行くまでやらせてくれ、と。松井への敬遠でぽしゃったといわれたら、ワシの人生、つまらんからな」

馬淵はそこで慰留されると、96年のセンバツで久々に甲子園に戻った。以来明徳は、ほぼ毎回のように甲子園に姿を見せる常連校となった。ただ……良し悪しはともかく、松井の敬遠以来、甲子園は明徳にヒール役を割り振ってきた。さわやかさを尊ぶ高校野球ファンは、言葉は悪いが「勝つためになりふりかまわないチームか」という目で見るのである。映画と同じだ。いったんイメージが定まると、それがはまり役になる。ふだんは犯人役をやっている俳優が刑事を演じたら、見る側は違和感を持つだろう。

甲子園という劇場も、それに似ている。ドラマに起伏はありながらも、まるで甲子園を司る神が上空から俯瞰《ふかん》していたかのように、過酷なエンディングを用意するのだ。

象徴的なのが、たとえば98年の夏、横浜との準決勝。8回裏、横浜の攻撃を迎えるところで明徳6点リードなら、横浜の指揮官・渡辺元智ならずとも、負けを覚悟するところだ。なにしろ、明徳の先発・寺本のデキが素晴らしい。7回まで横浜打線はわずか3安打、得点圏に走者が進んだのが1度だけとあっては、6人がアウトになるまでに6点など、はるかに遠い。だが横浜の先頭・加藤重之のショートゴロを倉繁一成がはじくと、この回4安打を連ねて4点。9回裏も横浜は、ヒットとバント安打、犠打野選で無死満塁とすると、そこからイッキに逆転サヨナラへ持っていく。ミラクルな、サヨナラ劇だった。

松坂大輔（現・レッドソックス）で春夏連覇のかかる横浜と、初制覇を狙う明徳。かたき役の明徳が主役を苦しめるが、最後は横浜の勝利、というのが期待値の高いシナリオだ。ただ8回で6点差とあっては、さすがに無理がある。転轍機《てんてつき》が列車のポイントを切り替えるように、なにかきっかけがないと流れは変わらない。

たとえば、横浜の渡辺ならこう考える。「甲子園では、力と力の勝負をしているときには、なかなか流れは変わらない。ガラッと変わるときというのは相手のミスか、こっちのビッグプレーなんです」。そのきっかけのひとつが、8回の先頭打者をエラーで出したこと。そして……馬淵がいうには9回の守り、無死一、二塁からの犠打野選もそうだった。

「あれが痛かった。キャッチャー前の、バントとしては失敗の打球よ。それを捕手の井上（登志弘）があせって、三塁送球がちょっと高いタマになった。むしろいいバントだったら、ハナから三塁なんかあきらめて一塁でアウトをとっているはずで、そっちのほうがよかったわ。逆に横浜にとっては、バント失敗……と目をつぶったら、2倍の成功になって返ってくるんだから、流れというのはおそろしいよ。それにしても、横浜はしたたか。井上の送球がちょっと高かったといっても、そこらのランナーならアウトにできていたタイミング。だけど、二塁走者の第2リードのとり方、スタートとか、走力が素晴らしいからセーフになった。ただ、逃げ切ろうとしているチームがミスしたらいかんわなぁ……。それにしても、どんなに点差があっても自分たちのできることをきちんとこなしていく横浜は、やっぱり勝負強いよ」

足りなかったなにか——大会の流れをついにその手に

そんな話を聞いたのは、いつだったか。馬淵は自分に、明徳に足りないなにかを模索し続けながら、02年の夏を迎えている。

明徳の〝転轍機〟になったのは、常総学院との8回の攻防だった。まず8回表、明徳の守り。二死一、二塁からレフト線へのライナーに対し、沖田は無理にダイビングし、三塁打にしている。同点の終盤なら、1点は与えても安全にシングルに抑えるべきだったか……。そう悔やんでいる間に、裏の攻撃。二死から相手のエラーで、回ってこないはずの打順が沖田に回ってきた。まだ2年生。エースの田辺からは「負けたら、ただじゃすまさんぞ」と手荒な激励をされている。このままでは終われない。

一塁走者の山田さんは俊足だ、走られるのを警戒して、バッテリーはまっすぐ中心の組み立てをしてくるはず——。事実馬淵も、盗塁のサインを出そうかと考えていた。仮に山田がアウトになっても、9回は沖田から攻撃を始められる。変化球を投げそう

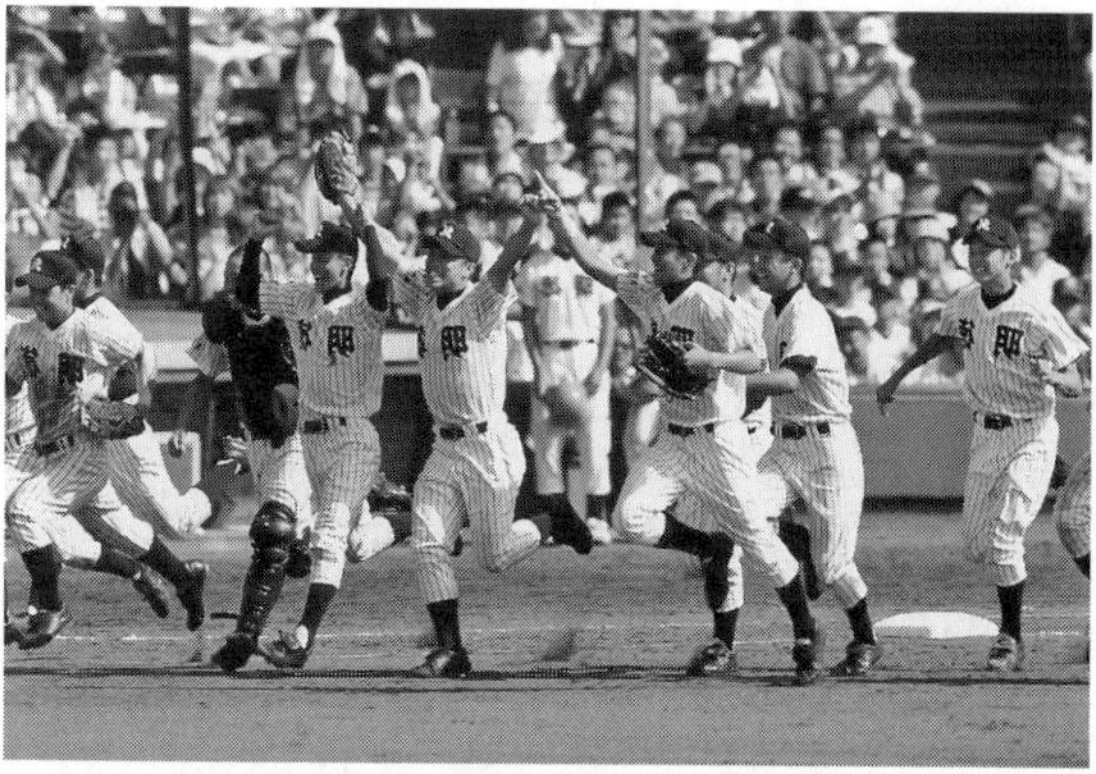

社会問題にまで発展した「松井秀喜敬遠」、甲子園から遠ざかった低迷期を経て、2002年に初Vを飾る。運や流れをも味方につけての見事なVロードだった

なカウントを見計らっていた2球目。3回からマウンドに立っていた常総・飯島秀明が、真っすぐを投じてきた。

来た！ 沖田が、161センチの小さな体で振り抜いた。打球は、ライトのポール方向に伸びる。手応えはいい。外野の頭は越えるだろう……。ちょうど沖田の走る方向に見えていた打球は、外野の頭どころかフェンスを越え、ポールの内側でスタンドへ消えた。自身、公式戦初のホームラン。やった、同点だ……沖田は、夢中でダイヤモンドを1周した。

打席に向かうのは、三番・森岡。沖田がつないで森岡へ……というのが馬淵の目論見だったが、できすぎの同点ホームラン。森岡も、気楽に打席に立てるだろう。だがここまでは、その安打製造器ぶりからすれば、あまり当たっていない。1、2回戦とヒットは1本ずつあるものの、この打席まで12打数2安打だ。高知県大会初戦当日の朝練習で、背中を痛めた。実戦では執ような内角攻めに遭い、フォームを崩した。県大会通算で16打数5安打の・313は並の打者なら合格だが、1年の夏から甲子園に出場し、プロからも注目される森岡としてはあまりにも物足りない。

「3回戦からは、お前が打たな勝てんのやぞ」。馬淵の声に応えるため、前日は居残りで特打をこなし、夜は宿舎の駐車場が素振りの場になった。何時まで振り込んだか、白い革手袋がおシャカになった。だからこの日の森岡は、新しい黒のバッティンググラブを着用している。

一方の常総・木内は悔やんでいた。〝左打者の沖田のところで、左腕・磯部（洋輝）へ継投だったか。まあ、まだ同点だっぺ。なんなら、ここで磯部でも……〟。ただ、二死走者なしから同点という喧噪のなかで、交代を告げるタイミングをつかみかねている。森岡はその間にどっしりとアドレスを決め、木内も続投と腹をくくった。

初球。森岡が「ストレートだと思った」ほど、変化に乏しいシンカーがインコースに。美しいスイングから放たれた白い弾丸は、うっとりするような軌跡を描いて右翼席中段に飛び込んでいった。格闘技なら〝秒殺〟。裏話になるが、あまりに電撃的な展開のため、この森岡の逆転ホームランを写真に納められたカメラマンはさほど多くない。二死走者なしで失策の走者を得てからわずか3球の、鮮やかすぎる逆転劇に馬淵はいう。

「このときは、森岡が打席に向かう、いわば花道の段階で雰囲気があったね。背中を見ていて、コイツが、決めるやろうなぁ……とピーンときた。そんなことは初めて。明徳に足りなかった大きな流れいうのは、そういうもんなんじゃろうなあ。仮に良介がホームランじゃなくてヒットで出ても、次の筧（裕次郎、元・オリックス）か田辺が決めていただろうし、8回に同点止まりでも、9回でなにかが起こっていたと思う」

2者連続ホームランは夏の甲子園では5年ぶり11度目のこと。そして明徳はこの試合でもうひとつ、残塁0というめずらしい記録も残している。夏の大会では9年ぶり9度目だが、出塁を前提とした残塁という記録の性格上、多くは投手戦、しかも負けチームに記録されるものだ。9安打7得点の勝利で残塁0、という明徳の記録は、きわめてめずらしい。この勝ちで馬淵には、自分が探してきた「足りないなにか」が見えかけてきた。うまく表現するのはむずかしいが、理屈ではない流れであり、甲子園という場にうまく同調することだ。相手エラーで転轍機が切り替わり、そのあとの2者連続ホームラン……。目に見えない力というのは、確かにある。だから、常総に勝ってベスト8を決めたあとで選手たちにもいった。

「こんな勝ち方をしたんだから、大会の流れはウチにある。55連勝なんやから、決勝まで勝ち続けてあと3勝をプラスするのは、さほどむずかしいことじゃないで」

そして実際に。トーナメントの風は、明徳に吹いていく。たとえばこのときの明徳は、先発9人中6人が左打ち（1人は両打ち）の左打線。馬淵は、準決勝に遊学館（石川）が出てきたら苦戦すると踏んでいた。好左腕・小嶋達也（現・阪神）がいるからだ。だが、川之江が遊学館を下した。川之江のサイドハンド・鎌倉健（元・北海道日本ハム）なら、練習試合で餌食にしているじゃないか。事実、打線が爆発して10対1の大勝だ。帝京（東東京）の高市俊（現・東京ヤクルト）も手強いと思っていたら、準決勝では智弁和歌山（和歌山）が勝ち、決勝も智弁投手陣を打ち込んだ。科学や数式では解明できない流れというのは、こういうものか……馬淵が痛感したことだ。

「漁師町の生まれじゃからね、魚にはうるさいんよ。早く高知に帰って、うまいカツオを食いたいわ」

優勝インタビューで森岡が顔をくしゃくしゃにしている脇で、人を食ったようなダミ声の馬淵節が響く。いつでもホンネで語り、自分の作戦の是非を報道陣に問い、時に茶目っ気たっぷりに笑わせる。この年の高知県大会前に訪ねたときは、こんなふうにいっていたものだ。「（横浜の）渡辺さんはあの春夏連覇のとき、53歳か。ワシはいま48歳、あと5年経ったら、あんな野球ができるかの？」。そのときから5年どころか、2カ月も経っていない全国制覇。そして――松井の5敬遠の夏から、ちょうど10年が経っていた。

「いまでも5敬遠がこれだけ話題になるのは、要は松井がそれだけすごかったということよ。プロに入っても、並の選手だったらもう忘れられているわ。まあもっとも、並で終わるような選手なら最初から敬遠などせんか。あの5敬遠のあと、ワシは目にしていないけど、司馬遼太郎さんがどこかの雑誌に書いてくれたらしいんよ。〝土佐の人間には、目先のことにとらわれず、大局を見据える器量がある〟という内容らしい。厳密には僕は土佐の人間じゃないけど、うれしかったねぇ」

ちなみに馬淵は、司馬遼太郎を愛読する。〝目先のこと〟が松井の敬遠を、〝大局〟が勝利を意味することはいうまでもない。

其の九

2006年 早稲田実業（東京）

〝ハンカチ王子vsマー君〟の決勝再試合

早稲田実業・斎藤佑樹

クールなエースと世代最強投手

ありのままの斎藤佑樹だった。

早稲田大4年の秋、斎藤（現・北海道日本ハム）は東京六大学野球リーグ戦の東大3回戦でリーグ史上21人目となる通算30勝を挙げた。その試合で『WASEDA』のシンボルは、神宮球場を駆け巡り、そしてマウンドで吼《ほ》えた。

両校無得点で迎えた5回表、二死満塁で一塁走者の斎藤が激走する。三塁コーチの制止を振り切り、長打で一気にホームを狙った。結果はタッチアウト。いわば、暴走だった。

「無我夢中で走りました」

直後の5回裏、斎藤はアドレナリン全開で東大打線に立ち向かった。声を荒げ、何度となく吼えた。マウンドの姿は、まさに野人だった。

「あの東大戦は、これまで野球をやってきたなかで上位に入るぐらいの楽しさを感じました。改めて、野球って楽しいなあって。野球を始めたころの気持ちになりました。バッターとして塁に出て、走って、そしてマウンドでは本当の意味で『投げている』

という実感がありました。それまではピッチャーだけみたいな感じでしたが、あの試合では喜怒哀楽はもちろん、斎藤佑樹というものを行動で、そしてプレーで表せたと思います」

そして、斎藤はこうもいう。

「どうしても高校3年夏の甲子園だけを見ると、ポーカーフェイス、感情を表に出さないクールなピッチャーと思われがちですが、それはあのときだけだったんです」

2006年、夏——。

早稲田実の〝クールなエース〟は一躍、甲子園のヒーローとなった。

尽きることのないスタミナ。まるで心臓に毛が生えているかのような精神力。その端正な顔立ちとは裏腹に、強打者をバッタバッタと討ち取る姿に甲子園は酔った。マウンドで心を落ち着かせるために時折登場した『青いハンカチタオル』の存在も手伝い、斎藤人気は社会現象にまでなった。

だが、少なくともその年の春までは、斎藤の名が全国的に知れ渡ることはなかった。

もちろん、06年のセンバツ大会に出場したことを考えれば、それ相応の実力者だ。2回戦で関西（岡山）と再試合を演じ、チームを甲子園8強まで導いたが、それでも春の段階で斎藤が騒がれることはなかった。もっといえば、夏の甲子園1回戦まで、その存在が際立つことはなかった。

〝クールなエース〟は名門・早稲田実のエースナンバーを背負う1人の球児にすぎなかった。

斎藤の周辺が慌しくなったのは、大阪桐蔭（大阪）との2回戦で当時2年の中田翔（現・北海道日本ハム）から3三振を奪ったあたりからだった。そして、斎藤人気を決定づけたのは駒大苫小牧（北海道）との決勝戦。夏3連覇を狙う「北の王者」との対戦で、斎藤の野球人生は劇的に変わった。

その年の夏、北の王者は苦しんでいた。

〝世代最強投手〟といわれて甲子園に乗り込んだ、エース・田中将大（現・東北楽天）の状態が上がらない。田中は、初戦（2回戦）の南陽工（山口）戦で14奪三振の完投

☆2006年度 第88回 全国高校野球選手権大会☆

[熱戦の軌跡]

※都道府県名のあとの丸数字は出場回数

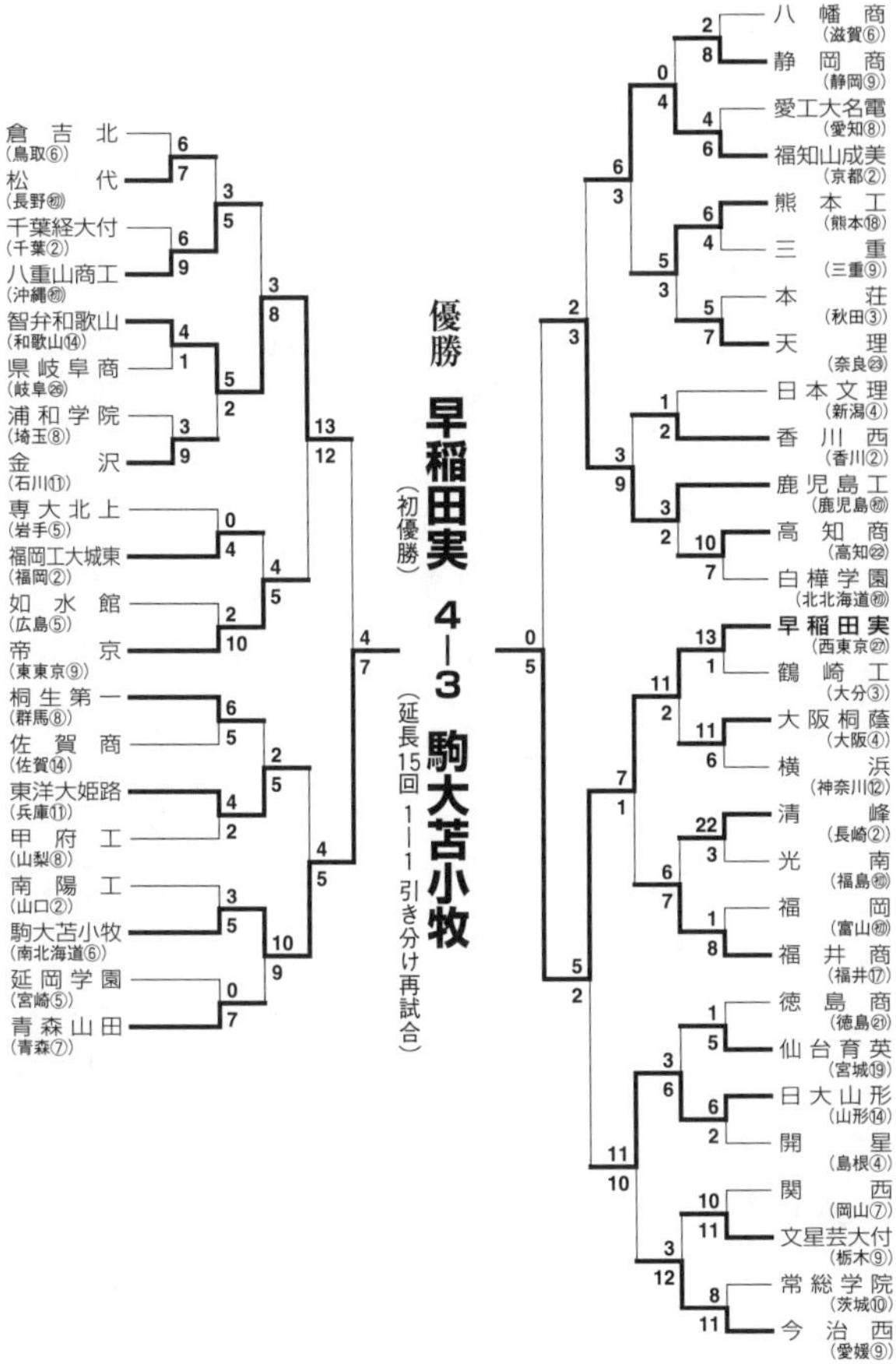

勝利を収めた。だが、その投球内容は明らかに本来のものではなかった。前年夏の甲子園決勝で、150キロを叩き出した野性味溢れる豪快さはない。同年秋の明治神宮大会で優勝したときの「消えるスライダー」は、その威力が半減してしまったとさえ思えた。

南陽工との試合後、田中の口からは自戒の言葉しか出てこなかった。

「頭がボヤ〜っとして、ボールに力が伝わりませんでした。チームの先頭に立って投げなければいけない立場として失格です」

猛暑が田中のエネルギーを奪った。また、甲子園入り後に患ったウイルス性胃腸炎の影響もあって体調は最悪だった。南陽工戦では14奪三振の一方で、6四死球2暴投で3失点。この夏の田中に余裕はなかった。

そんな状況でも、駒大苫小牧は決勝まで進んだ。王者の経験とプライド。そして夏3連覇という偉業への強い思いが、数々の奇跡を生んだ。

「高校時代の甲子園ベストゲーム」

プロ入りしてからの田中がそう振り返るのは青森山田（青森）戦だ。その3回戦、眠っていた北の王者は覚醒《かくせい》した。

「あまり経験したことのない戦いで、興奮しました」

試合後、駒大苫小牧の監督・香田誉士史（現・鶴見大コーチ）が額に噴き出す汗を拭いながらそう語ったように、まさに試合は激闘だった。

駒大苫小牧の先発マウンドに、田中の姿はなかった。春の北海道大会決勝以来、71日ぶり。その年の夏に限れば、初めてのリリーフ登板に田中は全神経を集中させた。青森山田戦での田中の先発回避は、エースの不調からやむを得ずとった駒大苫小牧の最良にして、ギリギリの策だった。だが、試合は序盤3回まで青森山田がリードを奪う。しかも、点差は5点。田中の先発回避で、ある程度の失点は覚悟をしていたはずの駒大苫小牧も、その点差には焦った。

想定外の展開に、のちに香田は「正直、負けを覚悟した」と語っている。

それでも、王者は諦めなかった。後半から点を積み重ねていくチームを後押しするかのように、スタンド全体にも04年、05年の全国制覇時と同じ「駒苫の風」が徐々に流れ始めた。4点目を生む右中間二塁打を放った六番・三谷忠央は、猛攻の始まりとなった6回裏の攻撃を当時こう振り返った。

「正直、ベンチが盛り上がりすぎてよく覚えていないんですが、いくら点差があっても気持ちだけは落ち込まないようにと強気でいきました。1点ずつ取ろうとみんなでいい合いながら、ベンチが一丸となって青森山田に向かっていけました。中盤以降、相手エース（野田雄大）の真っすぐが低めに落ちてきたので、ベンチの雰囲気はもうイケイケムードでした」

3回途中からマウンドに上がった田中は、3点を奪われたが最後までマウンドを守った。9回裏に三谷が左中間への適時打を放ってサヨナラ勝利。最大6点差あった試合をひっくり返した駒大苫小牧のエースは、試合後にこうコメントした。

「本当に苦しいなかでチームがひとつになって勝つことができました。今までにないぐらい、思い切り走って、打って、投げました」

そして、試合直後の香田はこういった。

「これでまた、チームは強くなる」

ウイニングショットはストレート

王者と名門——。

田中将大と斎藤佑樹——。

決勝を迎えた06年夏の甲子園は、満員札止めとなった。両校エースの意地が火花を散らす。試合は1対1の同点で延長15回表に突入した。早稲田実の斎藤が静かにマウンドに向かった。難なく二死を奪い、打席に駒大苫小牧の四番・本間篤史を迎える。

初球、147キロ。

この試合最速のストレートが捕手の白川英聖のミットに吸い込まれる。さらに、斎藤は2球目に143キロ、3球目に147キロ、4、5球目に146キロと、続けざまに140キロ台のストレートを連発した。

やはり、無尽蔵のスタミナだ。規定によって最終回となる延長15回になり、さらにギアを1段上げた斎藤のピッチングに甲子園はどよめいた。だが、その後の6球目が、もっとも斎藤らしい。強気、強気の真っ向勝負と見せかけ、133キロのフォークボールを投じた。本間のバットが空を切る。三振。

その年の春のセンバツで優勝した横浜（神奈川）の部長・小倉清一郎（現・コーチ）が、かつて斎藤をこう評したことがあった。

「斎藤君はクレバーで、打者を見極めながら投げられる。真っすぐは130キロぐらいと思いきや、147キロも出る。そのスピードの落差で、バッターによってはいいチェンジアップにもなる。投球術がある分、楽に投げられて疲れをあまり感じないと思います。また、斎藤君のいいところは右足（軸足）のかかとがズレないところ。要するに、軸がブレないのでピッチングに安定感が生まれる。そして、いい体の捻りができる。コマ回しに例えたら、他のピッチャーだとコマが3、4周ぐらいしか回らないのに、斎藤君は7周ぐらい回っている。それぐらいの感じで放っている」

センバツの準々決勝で、横浜は早稲田実に13対3と大勝した。その試合での小倉の指示はこうだった。

「右打者なら外へのボールになるスライダーを振らない。あとはカウントを取りにくるナックルみたいな変化球もね。要するに、たとえストライクを取られてもいいから、ヒザ付近に来たら『振るな』『捨てろ』と。ストライクゾーンをひとつ上げろという指

斎藤佑樹が投じた渾身のストレートに田中将大のバットが空を切る。
2日間にわたった決勝を決着させたのは、やはり両雄の、力の限りの真っ向勝負だった

示は出しました」

夏の斎藤は、ストレートの球威や球速もそうだが、とりわけ変化球がキレまくった。ホームベース手前でワンバウンドするほどのタマでも、打者のバットは思わず反応した。春から夏にかけての成長。わずかな時間で自らのパフォーマンスをグッと引け上げるあたりに、斎藤のポテンシャルの高さを感じた。

早稲田実の監督・和泉実にとって、そんな斎藤との出会いは衝撃的だった。

「初めて硬球を持たせてブルペンで投げたときの衝撃はすごかったですね。スピードというよりは、そのキレに驚いた。本当に糸を引くようにコースへ決まっていた。入学当初は体が小さくて細かったですが、実は骨太なんですよ、斎藤は。特に両脇下の筋肉がすごい。ムササビみたい。空を飛べるんじゃないかというぐらい」

ある日、高校を卒業した斎藤に和泉はこんな話を振ったことがある。

「高校時代、ウイニングショットはどのタイミングで決めていたの?」

つまり、初めにウイニングショットを決めておき、カウントを稼いで最後はそのウイニングショットで仕留めるのか。それとも、1球1球投げていったところで、最後のウイニングショットを導き出していくのか。

06年夏の甲子園決勝は、引き分け再試合となった。再試合の9回表、駒大苫小牧が三番・中沢竜也の2ラン本塁打で1点差に詰め寄る。だが、四番・本間、五番・岡川直樹が倒れて二死。打席に六番・田中が立った。

斎藤にとって、夏の甲子園で投じた948球目。田中を空振り三振に仕留め、夏の頂点を手繰《たぐ》り寄せたウイニングショットは、144キロのストレートだった。

和泉が語る。

「最後の田中君との対戦。斎藤は、最初から真っすぐでの三振をイメージしていたそうです。本当は、スライダーを3球続けたあとの4球目、147キロの真っすぐが『勝負にいったタマ』だったそうですが、ボールになって。そこからまた、元の配球に戻してスライダーを連投。そして最後は、再び真っすぐを持っていったといっていました。では、大阪桐蔭の中田君から奪ったインハイのストレートでの三振はどうだったか。『あれは1度体を起こして、次が勝負だったの?』と訊いたら、斎藤は『あそこで勝負でした。でも、自分のイメージより少し高めにいってしまった』といっていました」

もちろん、打者のスイングやカウントに応じて球種やコースを変えることはある。投手なら当然のことだ。あの夏、試合での修正力が誰よりも長けていたのが斎藤でもあった。だが、決めていた。最後は、高校時代に一番練習してきたストレートで勝負を決めるんだ、と。

球児は役者。その主役を張ったのは……

早稲田実時代の斎藤は、東京・渋谷区にある鍼灸院に足しげく通った。鍼灸師の脇坂美加が、かつてこんなことをいっていた。ちなみに、脇坂は斎藤を「エース」と呼んでいた。

「最初にウチへ来たときは『おとなしい子だなぁ』と思いました。人見知りをするというか、あまりしゃべらない子というか。でも、だいたいの子がそうですけどね。何となく、徐々に話をするようになっていって慣れていく。エースは、もともとユーモアがある子だったので、ギャァァァと騒ぐ感じではないけど、明るくて楽しいふつうの高校生でした。素直で、スレたところがなくて、世間から『理想の息子』と呼ばれるだけのことはあるんじゃないですか」

06年8月20日。決勝再試合が決まると、すぐに脇阪は渋谷の治療院を飛び出し、そのまま東京駅へ向かって新幹線に飛び乗った。新幹線に乗ると、すぐに斎藤へメールを送った。

「大丈夫？」

斎藤の返信は、拍子抜けするほどにサッパリしていた。

「はい、大丈夫です」

脇坂はいう。

「エースは15回投げ終わった後も、『別に（針を）打たなくても、投げられます』みたいな感じでした。『本当に大丈夫？』と訊けば、『大丈夫』しか返ってこない。勝ち負けはわかりませんでしたが、再試合で投げてもエースの野球人生が終わることはないと確信しました。もしかしたら、再試合のほうが（体は）軽かったかもしれない」

再試合は、東京へ戻ってテレビで観た。最後の場面、脇坂にはある思いがこみ上げてきた。

「それまでのエースには華がないというか……。そのことはずっとエース自身もいっていて。たとえば『ここで打ったら華があるぞ！』という場面で、ことごとくチャンスを逃していたんです。最後、田中くんとの対決で、もしゴロじゃなくて三振に仕留めたら、『エースに華がつく』と思っていました。『三振、取れよ』と、祈るように見ていました。だから最後ね、三振を奪って終わったときは、『最後の最後に華がついてよかった』とホッとしました」

斎藤とは対照的に、3年夏の甲子園前から大きな華を咲かせていたのが駒大苫小牧の田中だった。2年夏の甲子園決勝で、150キロ締めを演じた右腕は常に周囲から追われる立場にあった。〝世代最強投手〟。文句なしに、だれもが田中の実力を認めた。特に05年秋、明治神宮大会での田中を知る人は、そのとてつもない能力に驚いた。横浜の小倉もその1人だ。

「神宮大会が終わってから、ウチも田中一色の練習をしましたよ。2つあるバッティングマシーンは、片方はフォークボール、もう片方はスライダーにして、毎日嫌とい

早稲田実業高校

2006年度 第88回全国高校野球選手権大会
全成績

●決勝(再試合)

駒大苫小牧	0	0	0	0	0	1	0	0	2	3
早稲田実	1	1	0	0	0	1	1	0	X	4

[本塁打](駒)三谷、中沢

【駒大苫小牧】		打数	得点	安打	打点
(三)	三谷	4	1	1	1
(遊)	三木	4	1	1	0
(一)	中沢	4	1	2	2
(中)	本間篤	4	0	0	0
(左)	岡川	4	0	1	0
(投)	菊地	0	0	0	0
投	田中	4	0	0	0
(右)	鷲谷	2	0	0	0
打右	渡辺	1	0	0	0
(二)	山口	3	0	1	0
(捕)	小林	2	0	0	0
打	岡田	1	0	0	0
捕	及川	0	0	0	0
計		33	3	6	3

[残塁]3 [犠打]0 [併殺]0 [失策]1

【早稲田実】		打数	得点	安打	打点
(中)	川西	2	1	1	1
(三)	小柳	3	1	1	0
(一)	桧垣	3	0	0	0
(遊)	後藤	4	0	1	1
(左)	船橋	4	0	1	1
(投)	斎藤	4	0	0	0
(二)	内藤	2	2	0	0
(捕)	白川	2	0	2	1
(右)	佐々木	3	0	0	0
計		27	4	6	4

[残塁]6 [犠打]2 [併殺]0 [失策]0

投手		回数	打者	被安打	奪三振	与四死球	自責点
(駒)	菊地	⅔	5	2	0	2	1
	田中	7⅓	29	4	4	3	3

投手		回数	打者	被安打	奪三振	与四死球	自責点
(早)	斎藤	9	33	6	13	0	3

●決勝(延長15回引き分け)

駒大苫小牧	0	0	0	0	0	0	0	1	0	0	0	0	0	0	0	1
早稲田実	0	0	0	0	0	0	0	1	0	0	0	0	0	0	0	1

[投―捕](駒)菊地、田中―小林 (早)斎藤―白川
[本塁打](駒)三木

●準決勝

鹿児島工	0	0	0	0	0	0	0	0	0	0
早稲田実	3	1	0	0	0	0	0	1	X	5

[投―捕](鹿)下茂、榎下―鮫島 (早)斎藤―白川
[本塁打](早)後藤

●準々決勝

日大山形	0	0	0	0	0	2	0	0	0	2
早稲田実	1	0	0	0	0	0	0	4	X	5

[投―捕](日)青木、阿部―秋場
(早)斎藤―白川

●3回戦

福井商	0	0	0	0	1	0	0	0	0	1
早稲田実	0	0	0	0	0	4	0	3	X	7

[投―捕](福)池本、寺木―挺屋 (早)斎藤―白川
[本塁打](早)船橋、斎藤

●2回戦

早稲田実	1	0	4	0	0	1	0	3	2	11
大阪桐蔭	0	0	2	0	0	0	0	0	0	2

[投―捕](早)斎藤―白川
(大)石田、松原、那賀、中道―岡田、小山
[本塁打](早)船橋、川西 (大)小杉

●1回戦

早稲田実	1	1	2	0	1	2	0	4	2	13
鶴崎工	0	0	0	0	0	0	0	1	0	1

[投―捕](早)斎藤、塚田、斎藤―白川
(鶴)池田、和田―山内

うほど〝田中対策〟をやっていました。それだけ、神宮大会での田中君のタマはすごかった。スライダーを投げるときだけ右肘が少し下がるので球種がわかるんですが、それでもキレがいいからバッターはボール球でも思わず振っちゃう。『ちょっと勝負にならんな』というレベルでした」

だが、駒大苫小牧は06年春に部員の不祥事によってセンバツ大会出場を辞退した。田中の完全無敵なサクセスストーリーがそこで一瞬、歩みを止めた。

高校最後の夏に向けて動き出すも、どうしても田中の調子が上がってこない。たとえば夏の北海道予選を控えた6月18日。光星学院（青森）創立50周年招待試合で、センバツの覇者・横浜と対戦した駒大苫小牧は2対3で敗れた。

「内容的には4対0ぐらいで勝てた試合」

横浜の小倉はそう振り返り、さらに言葉を加える。

「田中君は、前年より成長していないというよりも、悪くなっていたという印象でした。神宮大会では『打てん』と思ったピッチャーが、翌年の6月には、そんなにビックリするほどのピッチャーではなくなっていました。もともと、田中君は体をめいいっぱい使って投げるタイプですから、スタミナをロスしやすい。夏の甲子園で投げる姿も観ましたが、やはりいいときに比べると、だいぶピッチングフォームが悪くなっていましたね。前へ踏み出す左足がステップ時にだいぶオープン（一塁側へ開く状態）になっちゃって。結局、体が開いてしまう分、どうしても右腕が遅れて出てくるので抜け球が多くなっていたような気がします」

田中は、万全ではなかった。それでも、高校最後の夏に光を放った。打線の強力な援護なくしてそれは成し得なかったことだが、〝世代最強投手〟というプライドが、田中を決勝の舞台へ押し上げた。最後は、あの夏に現れた「もう1人の役者」に主役の座を奪われてしまったが……。

かつて、ある強豪校の監督がこんなことをいっていたのを思い出す。

「僕は選手たちを〝役者〟と呼んでいるんです。僕自身も、高校野球の監督を演じている。『そんなんじゃ、主役は張れねえぞ』。そんなことをいいながら、いつも選手たちには『試合で最高の高校球児を演じてみろ』というんです」

06年、夏——。

主役として甲子園の優勝マウンドにいたのは、〝クールなエース〟を演じ切った、早稲田実の斎藤佑樹だった。

其の十

2009年 日本文理（新潟）

9回二死6点差からの猛追19分

敗れて悔いなし。胸を張って甲子園を去る日本文理

目覚めた甲子園の〝魔物〟

ちょっと内輪話をする。甲子園取材でわれわれ取材陣は、決勝の9回も二死になると、試合終了後のグラウンド取材に備え、ネット裏にあるグラウンドへの通路周辺に押し寄せる。そして極力観客のじゃまにならないよう、通路にしゃがんで優勝決定の瞬間を見届けるのだが、かつてこれほど9回二死からが長かったことはない。しゃがんで痛くなったヒザを屈伸していると、時ならぬ大合唱が響いてきた。

「イトウ！　イトウ！」

4万7000人の観衆のうち、三塁側の中京大中京（愛知）アルプスを除く圧倒的多数が声をそろえ、手を打ち鳴らしてリズムを取っている。一塁側の日本文理・大井道夫監督でさえ「鳥肌が立った。阪神じゃあるまいし……」という自然発生の音量が後押しし、伊藤直輝の放った打球は三遊間を抜けていった。2者が還《かえ》り、これで2点差。続く代打の石塚雅俊がカーブを真っ芯でとらえ、さらに1人還ってついに1点差。大音量に、甲子園に棲《す》むという魔物が「なにごとだ？」と目を覚ましたようだった。なにしろ、「石塚は、カーブがまったく打てない」（大井）のだ。だから二死一、二塁の場面で、代打には別の選手を考えていた。ところが、ベンチの3年生が「石塚を使ってください」と口をそろえる。石塚本人も「絶対打ちます」。それなら行け、と根負けして送り出した代打だった。高校生の不思議な集中力に、いまさらながらに脱帽した。

2009年、夏。第91回全国高校野球選手権大会の、決勝戦である。春夏通算11度目の優勝を狙う名門ブランド・中京大中京と、06年のセンバツで8強があるとはいえ、夏は初めての白星を挙げ、決勝まで駆け上がってきた日本文理。弱小といわれる新潟県の代表で、県勢が束になっても、その勝ち星は中京単独のそれの6分の1程度だ。決勝は、やはり実績どおりの展開に見えた。

過去4試合を1人で投げ抜き、この日が6日間で4試合目となる伊藤が、中京の強力打線につかまる。初回、堂林翔太（現・広島）に2ランを浴び、2対2の同点で踏ん張っていた6回には、不運なヒットもあり、一挙6点を奪われていた。以後も点を取り合ったが、9回表、文理の攻撃を迎えた時点で4対10。そして簡単に二死――。そこからの、奇跡的な追い上げだ。新潟県勢が甲子園で戦う80試合目。かつて、これほど魂が揺さぶられたシーンがあっただろうか。

話は、前年の秋にさかのぼる。強力打線で北信越大会を制した文理は、勇躍、明治神宮大会にコマを進めた。だが、伊藤が鵡川（北海道）を相手に炎上し、初戦で大敗。「ダメだね。何度いっても、ボールが高いよ。もう1人、ピッチャーがほしいな」。たび重なる背信に業を煮やした大井は、伊藤にピッチャー失格を通告した。伊藤はもともとバッティングもいい。だが、野手転向通告は半分本気、半分は本人の奮起を促すためだった。孫のような選手たちは、この老練さの前には純情な少年だ。翌日になると、伊藤が半泣きで直訴してきたという。「ピッチャーをやらせてください――」。

その日から、伊藤は変わった。投打ともに自分が1番、という自負が強いがために、チームメートを軽んじていたのが、人の話を聞くようになった。野手にミスが出ても、表情を変えない。走り込みも、率先してやる。課題だった低めへの制球が、徐々に克服されていく。大井としては、してやったりである。センバツでは、優勝することになる清峰（長崎）の今村猛（現・広島）と投げ合い0対4で敗れたが、前年秋からは大きく変わっていた。

大変身は、打線も同じだった。新チームスタート時には、大井から「火縄銃」と揶《や》

県勢初優勝の期待を背負い、9回表二死ランナーなしから5得点の猛追も1点及ばす。八番・若林がサードライナーに倒れ(写真)、日本文理の夏は終わった

揄《ゆ》されるほど、迫力を欠いていた。ともかく、まずはパワーをつけろと、1日1000回の体幹トレーニングを課した。さらに2キロの鉄バットによるティー、素振りは1000本。地道な蓄積の成果が、センバツで表れる。零封されたとはいえ、あの今村から7安打。うち長打3本は、清峰に敗れた5チーム中トップ。自信はあった。

だが、センバツから戻っての練習試合で聖光学院（福島）、仙台育英（宮城）といった甲子園常連校の投手に手も足も出ない。かと思うと、3ボール1ストライクから、簡単に凡打する。過信を恥じると、練習はさらに壮絶さを加えた。朝6時から打撃練習、放課後は2カ所が手投げ、1カ所はマシンによる打ち込みだ。打撃投手は2メートル手前から投げ、生きたタマを打つようにマシンはもっぱらカーブだけだ。そしてシート打撃では、二死満塁、フルカウントを想定。7安打しながら無得点に終わったセンバツの反省を生かし、見逃しても1球で終わり、という方法で集中力と勝負強さを養った。入学1年目で定位置を得た湯本翔太が「驚きました。朝6時から始まり、放課後もキャッチボールもせず打つだけの日もあるんです。そして夜の自主練……」。

その打撃量は、かつての池田（徳島）・山びこ打線ばりの〝打て打て〟だ。

08年に秀子夫人を喪《うしな》い、1人暮らしの大井がしみじみ語る。

「夜10時ころかな。酒の肴が足りなくなって、グラウンド近くのスーパーに買い物に行くと、グラウンドに灯りがついていてさ。みんな自主練でバットを振っているわけ。気が散るからと思って顔は出さないけど、まだやってんのか……って感心するよ」

そして新潟県大会では6試合57点と打線が爆発、伊藤も28回を投げて33奪三振という安定ぶりで、春夏連続の甲子園出場にたどり着いている。

両監督の胸の内

一方の、中京大中京。主将の山中渉伍、河合完治ら、主力にとっては08年春、そしてこの年の春に続く、3度目の甲子園となる。全員の胸にとりわけ強く刻まれているのは、この春のセンバツ準々決勝だ。報徳学園(兵庫)を相手に、堂林の投打の活躍で、9回二死まで1点リードしていた。だが、勝利まであと1人から死球、続いて逆転2点打を浴び、そのまま敗退した一戦。そういえば山中、河合らが出ていた08年のセンバツも、10回の裏二死走者なしから、エラーをきっかけに明徳義塾(高知)にサヨナラ負けしていた。

野球は最後の最後までわからない、とはいうが、大方は筋書きどおりに収まる。なにかが起こるのは、せいぜい何十試合に1回かそこらだろう。だが、「センバツのあの（死球の）球筋が、脳裏から離れなかった」（堂林）と、その〝まさか〟を現実に体験したナインは明らかに変わった。練習の精度が高まる。ボール間を走るのでも、ゴールが見えたら流してしまいがちだが、全力で走り抜く。最後の最後まで、だ。キャッチボールの1球にも、手を抜かない。ノックなら、つねに9回二死三塁を想定して行う。ボールを絶対に後ろにやらないという負荷のなかで、きわどい打球を数知れず受けた。

また監督の大藤敏行は選手に〝3秒ルール〟を課した。タイガー・ウッズは、大事なショットやパットをミスしたとき、3秒だけ真剣に悔やむ。それを過ぎたらミスは頭から消し去り、真剣に次のプレーに備える。野球でもそれをやろう、というわけだ。

愛知県の準決勝までをすべてコールドという圧倒的な力で進んできた甲子園。龍谷大平安（京都）との古豪対決を制して、2回戦の相手は関西学院（兵庫）だ。2年生の森本隼平が好投したが、やはり9回に4対4の同点に追いつかれた。しかも、なお二死一、二塁とピンチは続く。ここで、あわや三塁線を抜けようかという打球を河合が好捕。内野安打にはなったが、二走の生還は食い止め、同点止まりでこの回を終えたのは、〝3秒ルール〟と〝二死三塁ノック〟の果実ではなかったか。法政大に進学している河合はいま、振り返る。

「応援もすごくて、関西学院に流れが向きそうなあの場面で、あの打球を止められたのは、大藤先生のノックのおかげです。センバツから帰ってのノックで、ウチの守備力はすごく上がっていましたから。それよりも、野球には流れがあるんだなぁ……というのは、その裏の攻撃ですね」

同点に追いつかれた9回裏。中京の先頭打者・国友賢司は、ボール3つのあとストライク2球、次がファウルでフルカウントまで粘った。次打者の河合は、心の準備をしていた。〝こういう配球なら、フォアボールの確率がかなりある。無死一塁となると、自分はここまで3安打と当たっているとはいえ、さすがに送りバントだろう……〟。だが国友は、空振りの三振に倒れた。一死走者なしで、河合に打順が回る。初球だ。鋭く振り抜くと、打球は左中間スタンドに一直線。劇的すぎるサヨナラアーチだった。河合はいう。「もし国友がフォアボールだったら、まず僕は送りバントでしょう。そこで国友が三振するというのも、巡り合わせなんですよねぇ」。

やはり、最終回にはなにかが起こる。とくに中京の場合は、だ。中京はこの後も長野日大（長野）、都城商（宮崎）、花巻東（岩手）を危なげなく下して、夏は43年ぶりの決勝に進出することになる。

日本文理にとっては、2回戦からの登場で、初戦が6日目という組み合わせも大きかった。この夏の新潟はことのほか涼しく、じっとりと暑い関西の気候にはなかなか慣れない。割り当てられた30分の甲子園練習ですら、選手たちが汗だくになったほどで、「バットに鉛でも入っているのかと思うくらい」（大井）振りが鈍かった。馴化《じゅんか》のためにはできるだけ時間がほしい。6日目という日程は、8月13日の予定だったが、さらに雨で2日延びて15日に。まさしく天の恵みだった。

その初戦（対寒川［香川］）こそ8回に逆転勝ちと苦しんだが、そこからの文理は投打ががっちり嚙み合った。日本航空石川（石川）に、12対5。準々決勝では、立正大

☆2009年度 第91回 全国高校野球選手権大会☆

[熱戦の軌跡]

※都道府県名のあとの丸数字は出場回数

優勝 中京大中京（43年ぶり7度目）

決勝　中京大中京 10－9 日本文理

左ブロック

- 明豊（大分③） 4－3 興南（沖縄⑧）
- 八千代東（千葉㊓） 2－3 西条（愛媛⑥）
- 明豊 4－0 西条
- 如水館（広島⑥） 3－9 高知（高知⑬）
- 常葉橘（静岡㊓） 2－0 旭川大高（北北海道⑦）
- 高知 6－7 常葉橘
- 明豊 8－6 常葉橘
- 伊万里農林（佐賀㊓） 2－6 横浜隼人（神奈川㊓）
- 花巻東（岩手⑤） 8－5 長崎日大（長崎⑧）
- 横浜隼人 1－4 花巻東
- 倉敷商（岡山⑧） 2－8 東北（宮城㉑）
- 日大三（西東京⑬） 2－0 徳島北（徳島㊓）
- 東北 3－2 日大三
- 花巻東 4－1 東北
- 明豊 6－7 花巻東
- 聖望学園（埼玉③） 1－5 都城商（宮崎②）
- 熊本工（熊本⑲） 4－5 三重（三重⑩）
- 都城商 8－3 三重
- 智弁和歌山（和歌山⑰） 2－0 滋賀学園（滋賀㊓）
- 鳥取城北（鳥取㊓） 3－6 札幌第一（南北海道②）
- 智弁和歌山 8－5 札幌第一
- 都城商 4－1 智弁和歌山
- 長野日大（長野㊓） 10－8 作新学院（栃木⑥）
- 天理（奈良㉔） 15－1 南砺総合福野（富山㊓）
- 長野日大 7－6 天理
- 関西学院（兵庫⑦） 7－3 酒田南（山形⑨）
- 龍谷大平安（京都㉚） 1－5 中京大中京（愛知㉘）
- 関西学院 4－5 中京大中京
- 長野日大 5－15 中京大中京
- 都城商 2－6 中京大中京
- 花巻東 1－11 中京大中京

右ブロック

- 敦賀気比（福井⑤） 1－5 帝京（東東京⑪）
- 常総学院（茨城⑬） 4－8 九州国際大付（福岡③）
- 樟南（鹿児島⑰） 1－3 九州国際大付
- 帝京 4－3 九州国際大付
- 県岐阜商（岐阜㉗） 14－6 山梨学院大付（山梨④）
- PL学園（大阪⑰） 6－3 聖光学院（福島⑥）
- 県岐阜商 6－3 PL学園
- 帝京 3－6 県岐阜商
- 明桜（秋田⑧） 2－3 日本航空石川（石川㊓）
- 日本文理（新潟⑤） 4－3 寒川（香川㊓）
- 日本航空石川 5－12 日本文理
- 立正大淞南（島根㊓） 1－0 華陵（山口㊓）
- 東農大二（群馬⑤） 2－1 青森山田（青森⑩）
- 立正大淞南 4－2 東農大二
- 日本文理 11－3 立正大淞南
- 県岐阜商 1－2 日本文理

淞南（島根）に11対3。この2試合では、史上初めて2試合連続毎回安打を達成している。鈍かったスイングがウソのような、打線の活発さだ。さらに準決勝の県岐阜商（岐阜）戦は、伊藤が「一世一代」（大井）のピッチングを見せ、6安打11奪三振の1失点完投。甲子園までとっておいた秘密兵器・チェンジアップが冴えた。そうして……ベスト4進出さえ新潟県勢初（しかも、47都道府県のしんがり）だったのに、さらに上の決勝まで。地元では連日、号外が出たという。

その決勝の朝のこと。大井自身、59年の夏、宇都宮工（栃木）のエースとして決勝に進出した経験がある。だが疲労困憊で、準決勝の日から食事がのどを通らなかった。決勝は、延長15回で力尽きている（2対8西条［愛媛］）。それに比べたら、いまのナインは頼もしい。いつもと変わらない食欲だ。4試合すべてを投げ抜いてきた伊藤は多少疲れが見えるが、それでも朝からうどんをすすっている。いけそうだ。中村大地主将らが「どんなに打たれても、最後まで伊藤でいきましょう」と訴えるのを聞いて、大井は腹をくくった。

くくりはしたが、試合が始まってみると、それでも中京の打線には度肝を抜かれた。

日本文理高校

2009年度 第91回全国高校野球選手権大会
全成績

●決勝

日本文理	0	1	1	0	0	0	1	1	5	9
中京大中京	2	0	0	0	0	6	2	0	X	10

[本塁打]（日）高橋隼 （中）堂林

【日本文理】		打数	得点	安打	打点
（二）	切手	4	1	0	0
（遊）	高橋隼	5	2	4	2
（一）	武石	4	1	1	1
（右）	吉田	4	2	1	0
（左）	高橋義	4	2	3	1
（投）	伊藤	5	0	1	2
（中）	湯本	3	0	1	0
走	村山	0	1	0	0
中	朝妻	0	0	0	0
打	田辺	1	0	0	0
中	矢口	0	0	0	0
打	石塚	1	0	1	1
走	平野	0	0	0	0
（捕）	若林	5	0	1	0
（三）	中村	4	0	1	1
計		40	9	14	8

[残塁]8 [犠打]0 [併殺]2 [失策]1

【中京大中京】		打数	得点	安打	打点
（遊）	山中	6	3	3	0
（二）	国友	3	1	1	0
（三）	河合	5	1	2	1
（投右投右）	堂林	4	2	3	4
（捕）	磯村	3	1	2	1
（左）	伊藤	5	1	2	1
左	盛政	0	0	0	0
（一右一）	柴田	5	0	2	3
（右中）	金山	3	0	1	0
（中）	岩月	2	0	1	0
投一投	森本	2	1	0	0
計		38	10	17	10

[残塁]12 [犠打]3 [併殺]1 [失策]1

投手		回数	打者	被安打	奪三振	与四死球	自責点
（日）	伊藤	8	46	17	8	5	10

投手		回数	打者	被安打	奪三振	与四死球	自責点
（中）	堂林	5⅔	21	6	5	1	2
	森本	3	13	4	1	0	1
	堂林	⅔	6	2	1	2	4
	森本	⅓	4	2	0	1	1

●準決勝

県岐阜商	0	0	0	0	0	0	0	0	1	1
日本文理	0	0	0	0	1	1	0	0	X	2

[投一捕]（岐）山田一平林 （日）伊藤一若林

●準々決勝

立正大淞南	0	0	0	2	0	1	0	0	0	3
日本文理	0	1	0	1	0	3	1	5	X	11

[投一捕]（立）崎田一成田 （日）伊藤一若林
[本塁打]（立）崎田 （日）高橋義

●3回戦

日本航空石川	0	2	0	0	0	0	0	0	3	5
日本文理	2	5	0	0	0	3	1	1	X	12

[投一捕]（航）栗本、浜田、中田、北寺一岡本
（文）伊藤一若林
[本塁打]（文）伊藤

●2回戦

日本文理	0	0	0	0	0	1	1	2	0	4
寒川	0	0	1	0	0	2	0	0	0	3

[投一捕]（日）伊藤一若林 （寒）斉、高橋涼一松井
[本塁打]（日）高橋隼

まるでモノが違う。ユニフォームの下で、筋肉がもりもりしているのがわかる。大学生と戦っているようだ。それで4対10なら、まず、よくやったほうじゃないか。

6点リードしたところで、中京ベンチでも動きがあった。最後の守りにつく前。堂林が大藤に申し出る。「投げさせてください」。この日先発した堂林だが、同点の6回、無死一、二塁のピンチを招いたところで森本にマウンドを譲り、ライトに入っていたのだ。大藤は一蹴する。

「馬鹿か。オマエのためにやってんじゃねぇ！」

理屈ではそうだ。この日の堂林は、準々決勝、準決勝と好投しての3連投目で、初回の直球が120キロ台だ。もともと驚くような球速があるわけじゃないにしても、疲労は蓄積している。一方、救援した森本は文理打線に対し、3回を自責点1だ。いかにエースとはいえ、1度肩の冷えた堂林の再登板はリスクが大きすぎる。

だが、思考は右往左往する。点差は6。チームがここまできたのは、堂林の力が大きい。最後を締めくくらせたい。理屈と感情――。

河合はちょうど、逡巡《しゅんじゅん》する大藤のとなりにいた。指揮官に視線を向けられ、「最後だし、堂林でいきましょう」。投打の大黒柱の志願に、全員、異存はない。9回最後の守りで堂林がマウンドに戻ると、中京の優勝を確信しているスタンドから、大きな拍手が起こった。若林尚希、見逃し三振。中村、ショートゴロ。堂林は6球で二死を取り、優勝まであと1人にこぎつけた。

日本文理 〝19分間の宴〟も準Vで力尽く

ここからである。一番の切手孝太が、フルカウントからの低めのスライダーを見極めて四球を得た。カウントツーツーよりも、むしろフルカウントだからこそ手が出るボールだといえる。〝二死満塁、3ボール2ストライク〟からの打撃練習による集中力。よく見たなぁ、と感心しながら、河合はサードから堂林に声をかけた。「あわてるなよ、あと1人!」。堂林の表情も変わりなく、大丈夫、あとワンアウトでも、だれ一人気を抜いてはいない。なにしろ、センバツの苦い経験があるのだから。

文理を率いる大井に策はない。あるわけはない。6点差の二死一塁で、与える指示は「打て打て」以外にありえない。二番・高橋隼之介。ファウルで粘って、9球目の直球をレフトに二塁打。二盗していた切手がホームを踏み、5対10。三番・武石光司は7球目を三塁打して6対10。堂林の胸の内で、ちょっとさざ波が立った。文理のスイングは、明らかに8回までと違う。大藤も、感じ取っていた。文理の打者は、とにかくしぶとい。くさいタマはしつこくカットして、外れたら見逃す……。すると、もっと際どく……と、投げるほうも手もとが狂う。中京の捕手・磯村嘉孝（現・広島）の回想。「リードもクソもない、どこに投げても打たれる気がした……」。

文理の打線がここまで強力になったのには、ひとつのきっかけがある。04年の夏。甲子園期間中のある日、割り当てられた練習が済美（愛媛）のあとだった。「大井さん、マシンをそのまま置いていくから、使ってください」。済美・上甲正典監督の好意でマシンを打撃練習に使ったら、設定スピードが速すぎてかすりもしない。おそらく、150キロは出ていただろう。済美といえば、その年のセンバツで優勝し、この夏も準優勝するチームだ。衝撃だった。こういうボールを打てないと、全国で勝てないということか……。文理が打撃練習で、投手を2メートル前から投げさせるようになったのは、このあとのことだ。それから5年後。文理打線は4試合とも2ケタ安打。ヒットのなかったのはわずか3イニング、先述した通り、史上初めての2試合連続毎回安打を記録して、決勝の舞台に立っている。

その決勝も9回表二死三塁、打席には四番・吉田雅俊。ワンボール後の2球目を高く打ち上げた。三塁側ファウルグラウンドだ。河合は思わず「キャッチャー！」と指示したが、磯村の「完治さん！」の声に思い直して「オーライ」と声を出している。守備範囲だ。ゲームセットか。しかし、文理の粘りも見事、とスタンドが拍手を送るために腰を上げようとした直後だ。ボールは、三塁ダグアウト前の河合のはるか後方に落ちた。ファウルボール――。

「さすがにあれはちょっと……切り替えられませんでした」と堂林がいえば、「あの日は空が真っ青で……そういうときは、距離感がわからなくなるんです。風？　いや、単に捕れなかっただけです」と河合。

いまでこそ笑えるが、捕れば試合終了、優勝決定というフライをモノにできず、頭は真っ白だった。3秒ルールどころではなく、いたたまれない気分だったに違いない。

その直後、命拾いした吉田に堂林が死球を与え、マウンドにはふたたび森本が上がることになる。さらに……高橋義人が四球を選び、二死満塁。ここで話は冒頭に戻る。伊藤、代打・石塚の連続適時打で、文理は二死走者なしから7人連続出塁で5点を挙げ、とうとう1点差まで追い上げるのだ。リードしているとはいえ、中京にしてみれば、あれほど貯金が潤沢にあっただけに、心理的には残高0に近いだろう。

中京・大藤は、自問自答していた。堂林の再登板は、私情ではなかったか。監督が、勝負に私情をはさんでいいのか——これはのちのことになるのだが、PL学園（大阪）の元監督だった中村順司（現・名古屋商科大監督）からこんなふうにいわれたという。

「大藤さんと子どもたちの間にしかわからないことって、あるじゃないですか。そこには、どんなことがあっても、他人は立ち入れないんですよ」。そうだ、周りがどう見ようと、オレはアイツを信頼していたからこそ、登板させたんだ。胸のつかえが、取れた。

「高校野球だもの、いいんじゃない？」。文理・大井もそういう。

「中京は堂林君で勝ってきたチームだし、最後は彼で締めくくらせようという温情でしょう。もし逆の立場だったら、オレも伊藤を投げさせるもん。野球は筋書きのないドラマというけど、9回で6点差、しかも二死なら筋書きはわかるよ。二死からの5

点にしても、石塚が初球から振ったのにしても、それは甲子園だからだよね。確率的にありえないドラマが起きるのは、甲子園だから。ふつうの試合ではまず、ないもの」

文理10人目の打者・若林が打席に入った。二死一、三塁。一打同点、長打なら逆転もありうる。〝甲子園〟という場は、すばらしい粘りを見せる文理に肩入れするものだ。なにが起こるかわからない。そういう空気は、時にドラマチックな結末を演出する。2球目。ストレートに反応した若林のバットが快音を残した。同点か、抜ければ逆転も――と身を乗り出す一瞬もなく、打球は河合のグラブに直接吸い込まれた。

最後の打球が、ファウルフライを捕り損ねた河合に飛ぶのも、9回二死から19分にも及んだドラマのエンディングにはふさわしかったか。ようやく、だ。ようやくの、ゲームセット。

「二死になったからといって、決して気を抜いてはいませんよ。中京ではそういう教えはしませんし、全員がそうです。僕はミスしたからシュンとなるタイプでもないし、むしろだからこそ〝悪い悪い〟とみんなに声をかけた。最後がライナーだったのも巡り合わせでしょうか。ゴロだったら捕球して、送球してというハードルがありますが、捕った瞬間に涙が出てきました。でも……もしあの試合に負けていたら、ショックを引きずって野球を続けられなかったかもしれませんね」（河合）

優勝した中京大中京以上に、最後まであきらめない日本文理の戦いが印象に残った夏。大井が宇都宮工時代に準優勝してから、ちょうど50年が経っていた。

そしてちなみに——大藤が高校1年（78年、当時・中京）の夏。チームは準決勝に進出し、PL学園を相手に9回まで4点をリードしていた。勝利は時間の問題に見えた。アルプスで応援していた大藤は、9回裏を迎えたところで一足先に宿舎に戻った。早めに帰って、洗濯をすませておけと指示があったためだ。それが、大量の洗濯物と格闘しているうち、「追いつかれそう」「延長に入った」と宿の人が報告してくれる。9回裏、まさかの4点を失って延長にもつれ、延長12回でサヨナラ負け——信じられない思いで、その報を聞いた。

つまり大藤は、野球は最後までわからないということを、痛いほど知っている。その指揮官ですら、時に甲子園の魔物に魅入られてしまうのか。もっとも——だからこそ、高校野球はおもしろい。

★全国高校野球選手権大会(夏の甲子園)★
歴代優勝校一覧

回	年度	優勝校	
1	1915年	京都二中(鳥羽)	京　都
2	16年	慶応普通部(慶応)	東　京
3	17年	愛知一中(旭丘)	愛　知
4	18年	(米騒動のため中止)	
5	19年	神戸一中(神戸)	兵　庫
6	1920年	関西学院中(関西学院)	兵　庫
7	21年	和歌山中(桐蔭)	和歌山
8	22年	和歌山中②(桐蔭)	和歌山
9	23年	甲陽中(甲陽学院)	兵　庫
10	24年	広島商①	広　島
11	25年	高松商	香　川
12	26年	静岡中(静岡)	静　岡
13	27年	高松商②	香　川
14	28年	松本商(松商学園)	長　野
15	29年	広島商②	広　島
16	1930年	広島商③	広　島
17	31年	中京商(中京大中京)	愛　知
18	32年	中京商②(中京大中京)	愛　知
19	33年	中京商③(中京大中京)	愛　知
20	34年	呉港中(呉港)	広　島
21	35年	松山商	愛　媛
22	36年	岐阜商(県岐阜商)	岐　阜
23	37年	中京商④(中京大中京)	愛　知
24	38年	平安中(平安)	京　都
25	39年	海草中(向陽)	和歌山
26	1940年	海草中②(向陽)	和歌山
27	41年	(第二次世界大戦のため中止)	
28	46年	浪華商(大体大浪商)	大　阪
29	47年	小倉中(小倉)	福　岡
30	48年	小　倉②	福　岡
31	49年	湘　南	神奈川
32	1950年	松山東②(松山商)	愛　媛
33	51年	平　安②	京　都
34	52年	芦　屋(県芦屋)	兵　庫
35	53年	松山商③	愛　媛
36	54年	中京商⑤(中京大中京)	愛　知
37	55年	四日市	三　重
38	56年	平　安③	京　都
39	57年	広島商④	広　島
40	58年	柳　井	山　口
41	59年	西　条	愛　媛
42	1960年	法政二	神奈川
43	61年	浪　商②(大体大浪商)	大　阪
44	62年	作新学院	栃　木
45	63年	明　星	大　阪
46	64年	高　知	高　知

回	年度	優勝校	
47	65年	三池工	福　岡
48	66年	中京商⑥(中京大中京)	愛　知
49	67年	習志野	千　葉
50	68年	興　国	大　阪
51	69年	松山商④	愛　媛
52	1970年	東海大相模	神奈川
53	71年	桐蔭学園	神奈川
54	72年	津久見	大　分
55	73年	広島商⑤	広　島
56	74年	銚子商	千　葉
57	75年	習志野②	千　葉
58	76年	桜美林	西東京
59	77年	東洋大姫路	兵　庫
60	78年	PL学園	大　阪
61	79年	箕　島	和歌山
62	1980年	横　浜	神奈川
63	81年	報徳学園	兵　庫
64	82年	池　田	徳　島
65	83年	PL学園②	大　阪
66	84年	取手二	茨　城
67	85年	PL学園③	大　阪
68	86年	天　理	奈　良
69	87年	PL学園④	大　阪
70	88年	広島商⑥	広　島
71	89年	帝　京	東東京
72	1990年	天　理②	奈　良
73	91年	大阪桐蔭	大　阪
74	92年	西日本短大付	福　岡
75	93年	育　英	兵　庫
76	94年	佐賀商	佐　賀
77	95年	帝　京②	東東京
78	96年	松山商⑤	愛　媛
79	97年	智弁和歌山	和歌山
80	98年	横　浜②	神奈川
81	99年	桐生第一	群　馬
82	2000年	智弁和歌山②	和歌山
83	01年	日大三	西東京
84	02年	明徳義塾	高　知
85	03年	常総学院	茨　城
86	04年	駒大苫小牧	北海道
87	05年	駒大苫小牧②	北海道
88	06年	早稲田実	西東京
89	07年	佐賀北	佐　賀
90	08年	大阪桐蔭②	大　阪
91	09年	中京大中京⑦	愛　知
92	2010年	興　南	沖　縄

・校名のあとの丸数字は優勝回数(2度目以降)、カッコは現称
・甲子園球場の使用は第10回より
・第1回～第29回大会は、前身「全国中等学校野球大会」
・1942年～45年は、第二次世界大戦のため中断

楊順行　Nobuyuki Yo
1960年、新潟県生まれ。大学卒業後、ベースボール・マガジン社へ。各スポーツ専門誌編集を経てフリーに。現在は、スポーツ界にとどまらない幅広い取材・執筆活動を展開する。甲子園取材歴26年。

佐々木亨　Toru Sasaki
1974年、岩手県生まれ。スポーツライター。雑誌編集者を経て独立。共著に「横浜vsPL学園 松坂大輔と戦った男たちは今」（朝日新聞出版）、「甲子園 歴史を変えた9試合」（小学館）、「栄光のマウンド」（竹書房）などがある。

甲子園 激闘の記憶

2011年7月27日　第1版第1刷発行

著者　楊順行　佐々木亨
発行人　池田哲雄
発行所　株式会社ベースボール・マガジン社
〒101-8381　東京都千代田区三崎町3-10-10
電話　03-3238-0181（販売部）
　　　03-3238-0285（出版部）
振替口座　00180-6-46620
http://www.sportsclick.jp/

装丁　木村裕治　金田一亜弥（木村デザイン事務所）
マークデザイン　金田一亜弥（木村デザイン事務所）
印刷・製本　大日本印刷株式会社
本文製版　株式会社吉田写真製版所

Printed in Japan
ISBN978-4-583-10396-9 C0275